Ullstein

Über das Buch

Dieses Buch ist ein Bekenntnis. Aufgezeichnet von einem, der schon im knabenhaften Alter den lyrischen Tönen des Sängers und Jazztrompeters Chet Baker erlegen war. Mit der ungezügelten Bewunderung des wahren Fans zeichnet diese Hommage das eindringliche Bild eines genialen Musikers, der am 13. Mai 1988 bei einem mysteriösen Fenstersturz ums Leben kam. Mit großem Engagement beleuchtet Lothar Lewien sein Idol im Wandel der Zeit und erhellt dessen faszinierende Eigenschaft, Gegensätzliches zu verwischen. Weiblich und männlich, jung und alt, unschuldig und verlebt – Chet Baker war immer beides. Am 23. Dezember 1999 wäre er 70 Jahre alt geworden.

Über den Autor

Lothar Lewien hörte 1956 als Zwölfjähriger die ersten Schellack-Aufnahmen mit Chet Baker. Im Januar 1964 erlebte er ihn im legendären Berliner Jazz-Club »Blue Note« zum ersten Mal live. Bis heute hat ihn die Faszination für den Jazzpoeten nicht losgelassen.

Lothar Lewien

Chet Baker – Blue Notes

Engel mit gebrochenen Flügeln
Eine Hommage

Ullstein

Ullstein Buchverlage GmbH & Co. KG,
Berlin
Taschenbuchnummer: 35898

Ungekürzte Ausgabe
November 1999

Umschlaggestaltung:
christof berndt & simone fischer
Umschlagbild:
pwe Kinoarchiv, Hamburg

Alle Fotos ohne Quellenvermerk:
Sammlung des Autors/
Hannibal-Verlag

Printed in Germany 1999

Gesamtherstellung:
Ebner Ulm

ISBN 3 548 35898 5

Gedruckt auf alterungsbeständigem
Papier mit chlorfrei gebleichtem Zellstoff

Die Deutsche Bibliothek –
CIP-Einheitsaufnahme

Lewien, Lothar:
Chet Baker – Blue Notes : Engel mit gebrochenen Flügeln ;
eine Hommage/Lothar Lewien. – Ungekürzte Ausg. –
Berlin : Ullstein, 1999
(Ullstein-Buch ; 35898)
ISBN 3-548-35898-5

I remember too
A distant bell
And stars that fell
Like rain out of the blue
When my life is through
And the angels ask me
To recall the thrill of them all
Then I shall tell them
I'll remember you
If they should ask
I'll gladly tell them
I remember you.

Written by Mercer/Schertzinger

Inhaltsverzeichnis

Thema

Blue Note, Berlin ’64

»Everytime We Say Goodbye,
I Die a Little«

Identifikationen

Ich weiß nicht mehr, wann Chet Baker reingekommen ist. Doch bestimmt habe ich ihn schon gesehen, bevor er auf die Bühne des Blue Note gestiegen ist – gleich nach den anderen Musikern: Tete Montoliu, Klavier; Peter Trunk, Baß, und Joe Nay, Schlagzeug. Dieses Trio, das war damals die Haus-Band in dem Berliner Jazz-Club. Joe Nay kam aber an dem Abend später. Erst nach der Pause zum zweiten Set. Den ersten Set spielte deshalb der Holländer Cees See.

Irgendwann an diesem Januarabend 1964 muß Chet Baker den schweren Vorhang zur Seite gezogen haben, der im Winter die Kasse und Garderobe vom eigentlichen Club-Raum trennte. Gleich wenn man reinkam, sah man auf eine lange Bank. Kurz vor dem Eingang machte die Bar eine Kurve nach links und setzte sich noch etwa drei Meter bis zur Wand fort. In diesem Eck standen immer die Musiker, die an den Abenden spielten. Und auch die anderen, die nur zuhören oder vielleicht mal einsteigen wollten. In diese Ecke habe ich oft geschaut. Hab' den Musikern zugeschaut, wie sie sich unterhielten und lachten. Tranken und rauchten. Ich fand das unheimlich aufregend, sie sozusagen »privat« zu erleben. Deshalb versuchte ich, jede kleine Geste der von mir so bewunderten Musiker aufzuschnappen.

Hinter der Bar konnte man durch eine offene Tür eine kleine Küche sehen. Und dann gab es noch einen Raum. Eine Art Abstellkammer. Hier hatten die Musiker ihre »Garderobe«. In diesem Raum stand auch ein Tonbandgerät auf dem der Blue-Note-Besitzer die Auftritte mitschnitt. Vielleicht, nein, ganz sicher lief das Gerät auch in dieser Januarnacht 1964, als Chet Baker gespielt hat. Vor kurzem hat jemand in den USA die legendären Dean-Benedetti-Aufnahmen des großen Charlie Parker aufgetrieben. Sie werden als CD veröffentlicht. Dean Benedetti war der Freak, der nichts als Parker-Mitschnitte machte. Überall und immer. Schade, daß es keinen Dean Benedetti gegeben hat, der damals Chet Baker verfolgt hat.

Der Besitzer des Blue Notes war ein Araber. Jedenfalls sah er so aus. Habe keine Ahnung, woher er kam. Er trug immer einen dunklen Anzug und ein weißes Hemd mit Krawatte. Seinen Stammgästen nickte er zu, wenn sie reinkamen. Manchen gab er auch die Hand, wenn er gerade vorn am Eingang stand.

Rechts von der Bar war der große Club, ein wirklich großer Raum, mit dunklen, blanken Tischen und jeweils vier Stühlen drumherum. An der Längsseite gegenüber der Bühne gab es getrennte Sitzecken, mit Polsterbänken wie in Eisenbahn-Coupés. Man mußte sich auskennen, um einen guten Platz zu finden, von dem aus man die Musik in der richtigen Balance hören konnte, und vor allem: von wo aus der Blick zur Bühne nicht verstellt wurde durch die Säulen, die ziemlich mächtig mitten im Raum standen. Die Bühne war etwa 50 cm hoch und so eine Art Guckkasten, wie eine Theaterbühne. Man durfte also auch nicht zu weit seitlich sitzen, weil man dann den Drummer und den Bassisten kaum oder gar nicht sah. Ich kannte mich aus im Blue Note. Ein-, zweimal mindestens die Woche war ich da. Den Trompeter Ack van Rooyen hören. Oder Star-Gäste wie Kenny Dorham, Benny Bailey, Sahib Schihab, Johnny Griffin. Oder Thelonious Monk, der mit seinem Saxophonisten Charlie Rouse einmal einstieg nach einem Konzert, das sie irgendwo in Berlin gegeben hatten.

Das Blue Note war großartig. Aber es wollte etwas Besseres sein. Es war teuer. Eintritt und zusätzlich ein Minimum als ersten Drink: Whisky oder Cola-Cognac oder Wein oder Champagner. Nur Bier und Cola war nicht. Oder sollte nicht sein. Es gab gute Gäste und andere. Bestellung: ein, zwei Cola am Abend, aber viel Musik pro Nacht. Keine teuren Minimum-Drinks. Draußen war der Stoff billiger. Also brachten wir ihn mit rein ins Blue Note und machten damit die hauseigene Cola heißer. Später gab es für die ärmeren Schlucker, links von der Bühne, rohgezimmerte Holzbänke – wie Hühnerleitern nach oben gestaffelt. Dort war kein Verzehrzwang, wurde auch kaum was bestellt. Aber gegen Morgen, wenn das Blue Note zumachte, kletterten von diesen Bänken gerade die Leute, die am bedenklichsten schwankten. Zu der Zeit, als Chet Baker im Blue Note spielte, gab es diese Bänke noch nicht.

Ich fuhr sehr früh hin an diesem Mittwochabend im Januar 1964. Mit der U-Bahn bis Bahnhof Kurfürstendamm. Dann den Kurfürstendamm rechts runter. Bin unheimlich aufgeregt. Ich sehe heute abend Chet Baker. Links in die Uhlandstraße, über die Pariser Straße weg, weiter die Uhlandstraße lang. Drüben auf der rechten Seite wird gleich die blaue Leuchtschrift auftauchen: »Blue Note«. Im Kopf höre ich Chets Stimme. Die paar Worte, die ich ihn auf einer Platte habe sprechen gehört, kenne ich auswendig: »Preferences? Preferences?« Laute Zurufe aus dem Publikum. Chet: »We don't play a la mode.« Lachen aus dem Publikum. »Written by Russ Freeman: Maid in Mexico.« Jazz at Ann Arbor. Das war die Platte. Chet Baker live.

Daß er kommen würde, hatte mir Wochen zuvor der Blue-Note-Mann gesagt. Ich war wie elektrisiert. Er zählte einfach nur ein paar Namen auf, die er gebucht hatte. Stars, auf die er stolz war. »Mann, hast du Chet Baker gesagt?« Ich versuchte mich cool zu geben. Mein Herz klopfte. »Wo ist er denn jetzt?« »Wir haben mit Chet telefoniert. Er spielt in Paris. Vor ein paar Wochen hat Joe Nay mit ihm und Tete Montulio in Barcelona gespielt. So haben wir Kontakt bekommen.« Ich frage Joe Nay. Er schwärmt. Es war wunderbar mit Chet Baker in Barcelona. Er ist unheimlich gut drauf. Ich hebe ab. Es ist, als hätte mir jemand ein Kompliment gemacht. Chet ist unheimlich gut drauf. Spielt jetzt in Paris. Kommt hierher. Nach Berlin. Von da an habe ich fast ständig an diesen Tag gedacht. An den Tag, an dem ich ihn zum ersten Mal sehen werde.

Acht Jahre zuvor, ich war zwölf, habe ich ihn zum ersten Mal gehört. Auf einer Platte, die mein Bruder mit nach Hause gebracht hatte. Davor habe ich die anderen Platten meines Bruders gehört. Die alten Schellacks, 78 Umdrehungen. Von Louis Armstrong, Count Basie, Lionel Hampton. Und dann die erste Langspielplatte. Es war ein Doppelalbum: Das Carnegie-Hall-Concert von Benny Goodman, New York, 1938. Mein Bruder hatte die Platten in einem Geschäft bestellen müssen. Solche Jazz-LPs gehörten in den 50ern noch nicht zum normalen Angebot. Auch nicht in den besseren Geschäften. Die Platten waren sündhaft teuer. Über 40 Mark. Fast das Zehnfache, was eine normale Schellackplatte kostete. Er hatte drauf gespart. Ich fand das gut angelegtes Geld. Wenn ich aus der Schule nach Hause kam, öd und schlapp, war ich allein. Aber nicht lange. Die Benny-Goodman-Band war da. »Honeysuckle Rose«, das war mein Stück. Das Größte war das Solo des Tenor-Saxophonisten Lester Young, Star-Gast in der Goodman-Band. Sein weicher, geschmeidiger Ton, die lyrischen Linien faszinierten mich.

Ich hob ab mit Lester Young – flog in eine andere Welt.

Das Wohnzimmer samt Couch-Garnitur und Wohnzimmerschrankt blieb weit, weit zurück. Ich mimte den großen Saxophonisten. Mit einer zusammengerollten »Hör zu« in den Händen spielte ich Lester Young und schwebte auf der Bahn, die er vorgab. Nach unserem Chorus war mein Zeitschriften-Mundstück ganz feucht und fusselig. Egal, nochmal den Tonarm auf die Leerrille. One more time, Lester. Und wieder war ich dabei.

Später kam noch ein anderer Favorit aus der sich vergrößernden Sammlung meines Bruders dazu. Charlie Ventura and his Septet. Be-Bop war das, stand auf der Plattenhülle. Auch eine Live-Aufnahme. Stark fand ich, wie der Bandleader, Charlie Ventura, die Musiker seines Septetts einzeln nacheinander vorstellte. Begann mit Ed Shaughnessy, dem Drummer. Er fing an zu spielen. Dann der Bassist, Kenny O'Brien. Der Baß dröhnte los. So ging das durch bis zum Trompeter Conte Candoli – mit ihm spielte dann die komplette Band ihr erstes Stück. Sie machten eine Musik, die ganz anders klang als die Musik, die ich von der Gooodman-Platte kannte. Aber ich fand sie unheimlich aufregend. Mit der Zeit hatte ich von der »Hör zu«-Rolle, meinem Saxophon, zur Trompete gewechselt. Harry James und Conte Candoli hatten es mir angetan. Diese Trompete war ein Stück Gartenschlauch, dem ich grunzend-gellende Töne entlockte. Damit wurde ich zum achten Mann in Charlie Venturas Septet.

Und eines Tages dann lag eine neue Schallplatte da. Eine kleine Schallplatte, 17 cm Durchmesser, 45 Umdrehungen pro Minute. Eine Single, *Brunswick* hieß das Label: Chet Baker, Trompete, und Caterina Valente, Gesang und Gitarre. Nur zwei Stücke. Auf jeder Plattenseite eins. Das war's. »I'll Remember April« und »Everytime We Say Goodbye – I Die A Little«. Die Titel kannte ich nicht. Caterina Valente kannte ich vom AFN, dem amerikanischen Soldatensender, der oft

»Malagena« von ihr gebracht hat. Bei »Frolic At Five« zum Beispiel. Eine Musiksendung, die Army Sergeant George Hudek jeden Nachmittag amerikanisch locker auch in unser Wohnzimmer brachte. Aber Jazz war das für mich nicht. Und Chet Baker? Nie gehört. Der soll besser sein als Harry James bei »Sing, Sing, Sing« in Benny Goodmans Carnegie-Hall-Konzert? Oder als Conte Candoli?

Mein Bruder meinte: Dieser Chet Baker, das ist der neue Trompeten-Star. Das ist Cool-Jazz. Er hatte Chet Baker 1956, bei einem Konzert im Berliner Palais am Funkturm, gesehen und gehört. Fand er gut. Deshalb hatte er sich also diese neue Platte gekauft. Mein Gott, was habe ich meinen Bruder, der neun Jahre älter ist, damals immer um die Konzerte beneidet, zu denen er gegangen ist. Count Basie oder »Jazz At The Philharmonic« im Berliner Sportpalast mit Charlie Shavers und Lester Young. Auf kein Konzert durfte ich mit. War angeblich zu klein dafür. Aber ich ließ mir immer alles haarklein erzählen. Und dieses eine Konzert, Chet Baker im Palais am Funkturm, das war wohl das Schlimmste, was ich je verpaßt hatte. Denn als ich ihn auf dieser kleinen Single zum ersten Mal hörte, das war, als würde ich erwachen und einen riesigen Sprung machen. Chet Baker die Entdeckung. Eine Traumreise in das eigene Ich. Chet spielte, wie ich fühlte. Seine Töne waren die Worte, die ich nur ahnte. Seine Melodien waren die Sätze, die ich hätte sagen wollen. Chet Baker konnte alles auf seiner Trompete erzählen. Flüsternd, hauchend, streichelnd: ». . . Everytime We Say Goodbye, I Die A Little«.

Ganz dicht habe ich am Lautsprecher des Radios gesessen. Auf dem Plattenteller drehte sich die schwarze kleine Scheibe. Jetzt gleich hört Caterina auf zu singen. Schlägt nur noch rhythmische Akkorde auf ihrer Gitarre. Und jetzt, jetzt setzt Chet mit seinem Trompetensolo ein. Einsetzen? Nein, er schwebt ein. Aus der Schwerelosigkeit kommend. Er erzählt die Geschichte vom kleinen Sterben beim Abschied. Mit sanften, zarten Tönen. Er erzählt sie weiter, auch als Caterina wieder zu singen anfängt. Trägt ihre Stimme. Den Song. Die Liebe. Bettet sie zum Schluß ein – mit einem ganz tiefen Ton. Ein Ton wie auf einem Cello gestrichen. Ansatzlos. Schwebend. Versinkend. Ist das ein Trompetenton? Es ist sein Ton. Chets Trompetenton. Das muß eine Trompete aus dunklem, blauem Samt sein.

Immer wieder diese eine Platte. Ich kannte auch keine andere Platte von Chet. Wie sieht dieser Mann aus? Auf dem Platten-Cover der Single gab es kein Bild. Ich weiß nicht mehr, wie ich ihn mir damals vorgestellt habe. Aber ich las etwas über ihn. In der Zeitschrift GONDEL gab es eine Jazz-Ecke. »Der neue Trompeten-Star des Cool-Jazz, Chet Baker, fürchtet, in wenigen Jahren nicht mehr spielen zu können. Er verliert seine Zähne. Chet Baker will seine Karriere als Sänger fortsetzen.« Nie mehr seine flüsternde Trompete wie auf »Everytime We Say Goodbye«?

In der Hardenbergstraße am Zoo war Bote & Bock. Vorn im Laden der Musik-Verlag mit Noten und klassischen Platten. Ganz hinten durch ein kleiner Raum mit den Jazz-Platten. Dort war Francis. Ein Schwarzer aus der Karibik. Sprach amerikanisches Deutsch. Er war der King. Sah aus wie Mr. Jazz. Kannte sich aus. In der Mitte des Raumes ein kleiner Tisch mit Platten. An zwei Wänden im rechten Winkel, Regale mit Schallplatten. Alles LPs. An der dritten Wand zwei Kabinen, zum Plattenhören. Jedesmal, wenn ich hier reinkam in diesen kleinen Raum mit den vielen Platten, geriet ich in eine Art Trance. Nach außen cool: »Hi, Francis.« Ich schüttelte seine große schwarze Hand oder nahm stolz einen

Schlag von ihm auf die Schulter entgegen. Dann machte ich mich mit klopfendem Herzen über die Platten auf dem Tisch her. Ganz lässig bei »B« nachschauend. Und da standen sie: »Chet Baker & Crew«. Mit einem tollen Bild vorn drauf. Die ganze Band, ein Quintett, auf einem Segelschiff. Chet Baker steht am Mast, hält sich mit einer Hand an einem Tau fest, in der anderen hat er seine Trompete und spielt. Sonne, Kalifornien, Pazifik. So hieß auch das Label. *Pacific Jazz.* Produced by Richard Bock. Dieser Bock war mein Mann. Er produzierte Chet-Baker-Platten. Jede Menge Platten: »The Trumpet-Artistry of Chet Baker«. Oder »Chet Baker sings and plays«. Kaufen konnte ich die Platten nicht. Zu teuer für mich damals. Aber ich konnte sie wenigstens hören. Francis fand das völlig in Ordnung. »No problem, man.«

In den Kabinen war man völlig für sich. Und es gab alles, was man brauchte. Ein Plattenspieler und Lautsprecher. Ein Hokker und ein Aschenbecher. Zwei Quadratmeter Kabine bei Bote & Bock: Das war mein The Haig oder Tiffany Club und wie die Plätze alle hießen, in denen Chet Baker zu Hause in Los Angeles spielte. Und hier konnte ich ihn auf den Cover-Fotos sehen. Eins habe ich mir wieder und wieder angeschaut. Es ist auf der Rückseite des Covers von »Jazz at Ann Arbor«. Ein junger, zarter Mann, geradezu zerbrechlich wirkend, der verspielt-lässig die Trompete über die Schulter hängenläßt. Der Mann trägt ein weißes T-Shirt. Marlon Brando trug solche Hemden. Oder Rocker. Harte Rebellen eben. Chet sah aus wie ein sanfter Rebell. Ich wollte auch so ein T-Shirt haben. Auf der Platte, die in diesem Cover steckte, habe ich ihn auch zum ersten Mal sprechen gehört. Er sagt die Titel an. Als ich das hörte, war es fast wichtiger als die Musik. Nie zuvor habe ich so eine helle und sanfte Stimme gehört. So melodisch. Er schien mir bei den Ansagen etwas aufgeregt zu sein. Ich war mit ihm aufgeregt. Sprach nach, was er gesprochen hat.

Die erste Langspielplatte, die ich gekauft habe bei Bote & Bock, war ein Sampler: »Jazz West Coast« mit drei Titeln von Chet Baker. Alles andere auf der Platte zählte nicht so sehr. Und was auch zählte: Es war eine Second-hand-Platte für nur zehn Mark. Weniger als die Hälfte, was eine neue LP damals kostete. Von den drei Chet-Baker-Titeln war »Happy Little Sunbeam« im Quartett mit dem Pianisten Russ Freeman mein absoluter Favorit. Ein schneller Titel. Da war nichts von der Traurigkeit bei »Everytime We Say Goodbye«. Da gab es geradezu fröhliche Linien. Und doch hörte ich hinter all der heiteren Musik die tiefe, fragende Sehnsucht. Und es war und blieb der gleiche, seidige Trompetenton, der so ganz anders klang als der anderer Trompeten. Und dieser sanfte Ton, das war die Stimme, die ich liebte. Es war die Stimme, in der ich sprechen, verstanden werden wollte.

Zu Hause, ein paar Straßen weiter, wohnte Werner. Ein Freund, der unheimlich auf Miles Davis stand. Wer eine neue Platte hatte, gekauft, geliehen oder sonstwas, der lief sofort los, um sie dem anderen vorzuspielen. Werner hatte eine Platte von Miles Davis in einem Quartett mit John Lewis. Vier Stücke waren darauf. Eins davon war das ganz langsame »Smooch«. Ich mochte es sehr gern. Und ich habe es sehr gern. Und ich habe geahnt, daß auch Chet Baker das sehr gern gemocht haben mußte. Ich fing an, Miles Davis zu bewundern. Aber ich liebte Chet.

Es war eine Liebe, die guttat. Ohne Probleme. Und die bei Problemen half. Ich war verliebt in ein Mädchen. Wir gingen zusammen. Doch sie ging auch mit anderen. Vielleicht sogar lieber als mit mir. Jedenfalls, ich litt. Aber es war jemand bei mir, der mit mir litt. Ich hörte seine sanfte, sehnsuchtsvolle Stimme: ». . . You Don't Know What Love Is – Until You've

Learned The Meaning Of The Blues ...« Verdammt, das mußte sie doch auch hören. Verstehen. Sie hörte nichts und verstand nichts. »Well You Needn't«, Chet Baker hatte es 1962 in Rom aufgenommen, nachdem er über ein Jahr in Italien im Gefängnis gesessen hat. Die Schutzhülle der Platte, mit dem Text und den Bildern von der Session, hat einen Riß, und es sind dunkle Flecken drauf. Rotweinflecken. Erinnerungen an eine Nacht, in der ich das Mädchen sah. Ganz nah. Obwohl sie so weit weg war. Aber »Chet is Back!«. So hieß die Platte, die RCA nach seiner Entlassung aus dem Gefängnis in Italien aufgenommen und herausgebracht hatte.

Chet war für mich der Prinz. Er war »The Young Man With The Horn«. Doch für die Illustrierten wurde er zum Objekt einer obskuren Begierde. »Sex and drugs«. Ich habe es gehaßt, das verlogene, falsche Geschreibe, und gleichzeitig habe ich es verschlungen. Zwischen Farah Diba und Mode aus Paris die schauerliche Geschichte eines talentierten, aber absolut verlorenen Drogensüchtigen. Mit Bildern von Chet Baker und seiner damaligen Freundin Carol irgendwo am Strand in Italien. Sie blinzeln in die Sonne, genießen das Meer. Und im reißerischen Gegensatz die Bilder eines verzweifelten Drogensüchtigen auf Entzug in einer italienischen Klinik. Chet Baker, der den Kopf schwer in die Hände stützt. Die Augen halb geschlossen. Dazu die Geschichte, die von allen immer wieder falsch abgeschrieben wurde, daß die italienische Polizei den US-Trompeter auf einer Autobahn-Toilette gefunden habe. Bewußtlos und blutüberströmt. Die Nadel steckte noch in seinem Arm ...

Nichts davon ist wahr, hörte ich später Chet Baker sagen. Er sei zu der Zeit in Behandlung bei einem Arzt in Lucca gewesen. Der brachte ihn zu seinen Auftritten. Half ihm, eine Drogentherapie durchzustehen. Aber an diesem einen Tag mußte Chet allein nach Viareggio. Der Arzt konnte nicht weg aus der Klinik in Lucca. Chet fuhr selbst mit dem Wagen. Auf halber Strecke wollte er sich die Medizin spritzen, die ihm der Arzt mitgegeben hatte. Er war gerade fertig, da klopfte es an der Tür der Toilette. Die Polizei. Chet ließ den Arzt benachrichtigen. Der kam, holte ihn von der Polizei ab, und beide dachten, damit sei der Fall erledigt. Am nächsten Tag jedoch stand die Story von dem bewußtlosen, blutüberströmten Mann in der Autobahn-Toilette in den Zeitungen. Chet Baker wurde verhaftet. Sein Arzt, seine Frau Halima wurden verhaftet. Der Urteilsspruch lautete auf Gefängnis. Fünfzehn Monate hat Chet Baker in Lucca 1960/61 abgesessen. Es war die längste Haftstrafe, wenn auch nicht seine einzige.

Damals in Lucca, so erinnerte sich Chet Baker, war er allein in einer Zelle, in der es keine Heizung, kein fließendes Wasser und keine Toilette gab. Niemand sprach auch nur ein einziges Wort Englisch. Chet Baker lernte Italienisch. Er durfte seine Trompete mit ins Gefängnis nehmen. So konnte er wenigstens spielen. Aber die Wärter machten ihn schier verrückt, weil sie ständig wollten, daß er »Cherry Pink And Apple Blossom White« spielt.

Das alles hat er später selbst erzählt. In den Boulevardblättern und Illustrierten stand darüber damals nichts. Für diese Blätter war nicht etwa sein Leben oder seine Gefühle wichtig, interessant schien nur die Gelegenheit, reißerische Berichte über Drogen abzulassen. Das machte einen Mann zur Berühmtheit bei Leuten, die nie einen einzigen Ton seiner Musik gehört hatten. Ich haßte die Berichte. Und ich haßte die naserümpfenden Ignoranten, die sich in ihren Vorurteilen über Jazzmusiker bestätigt sahen. Ich las alles, was ich über Chet lesen konnte. Aber ich tat es fast heimlich. Ich schämte mich für die, die es geschrieben haben. Damals fing ich an, meine Liebe für Chet Baker zu verstecken. Seine Musik war mir das Wichtigste in meinem Leben. Ich mochte diese Liebe auch teilen mit anderen. Aber ich hütete mich davor, mit Fremden darüber zu sprechen. Aus Angst, ihre Ignoranz könnte mich verletzen. Ich wollte nicht, daß das »Pack auf dem Blut herumlatscht, das Chopin verspritzt hat«, wie es Gottfried Benn in einem seiner Gedichte ausgedrückt hat. Für mich war es das Blut Chet Bakers.

Auf dem Weg ins Blute Note wurde ich plötzlich nervös. Wer wird heute da sein? Was für ein Publikum? Leute, die den Kitzel genießen, einen Junkie auf der Bühne zu sehen? Ich hatte Angst um Chet Baker. Wie muß das für einen Mann sein, der so offen sein Innerstes, seine Gefühle – zart, romantisch und sehnsüchtig – auf der Bühne zeigt. Er ahnt, er weiß, was für ein Publikum vor ihm sitzt. Vielleicht Leute, die nur darauf warten, irgend etwas zu finden, was Stoff für eine reißerische Story geben könnte. Mit der Musik, die Chet Baker macht, mit der lyrisch-romantischen Welt, in der er lebt, haben solche Leute nichts zu tun.

Es war noch nicht lange her, da hatte ich im Radio eine Übertragung eines Konzerts aus München gehört. Berlin-Woche mit dem RIAS-Tanzorchester unter Werner Müller, Gast-Solist Chet Baker, Trompete. Ich sitze vor dem Radio. Daneben ein Tonbandgerät, Marke Saba. Spulen natürlich. Ich halte das Mikrofon in der Hand. Bereit, sofort die Aufnahmetaste zu drücken, wenn sein Auftritt kommt. Wann denn bloß? Hoffentlich ist die Sendung nicht vorher zu Ende. Dann endlich die Stimme des Ansagers: »Und nun der Mann, auf den Sie schon den ganzen Abend warten . . .« Ich drücke Aufnahme. »Chet Baker und seine Trompete. Er spielt When I Fall In Love, But Not For Me, In Your Own Sweet Way, das ist ein Thema von Dave Brubeck, und Airegin, das ist Nigeria rückwärts gelesen. Chet Baker und seine Trompete.« Und es ging los. Intro von der Werner Müller Big-Band. Chet setzt ein. Klar und weich zugleich. »When I Fall In Love«. Ich halte das Mikrofon wie im Krampf an den Lautsprecher des Radios. Rauschender Beifall des Münchner Publikums im Deutschen Museum nach dem ersten Stück.

»But Not For Me« geht die Band sehr schnell an. Chet fängt schon bei der Vorstellung des Themas an zu improvisieren. Variiert die schon dutzendmal gehörte Melodie. Gibt ihr ein neues Kleid. In seinem Solo fliegt er allen, die ihn begleiten, davon. Dreht Loopings. Spielt mit der Melodie. Macht überraschende Wendungen. Bleibt dabei immer lyrisch und melodisch. Orkanartiger Beifall. Ich hoffe, daß er etwas zu dem Publikum sagt. Aber er tut es nicht.

»In Your Own Sweet Way« in einem mittleren Tempo. Gerade in seinem Solo läuft mein Band aus der Spule. In kann es nicht fassen. Kann die Spulen nicht so schnell wechseln. Kriege es endlich hin. Wieder Aufnahme drücken. Das Mikrofon ans Radio gehalten. Ich bekomme den Rest des Own Sweet Ways mit. Und den Beifall. In den Beifall hinein fängt ein Tenor-Saxophonist die berühmten Anfangs-Riffs von »Airegin« zu spielen. Chet übernimmt und rast durch das Be-Bop-Thema. Fängt mit einer Kadenz über einem Break sein Solo an. Schnelle Läufe. Ton für Ton gestochen scharf und doch mit der sanften Geschmeidigkeit einer Katze auf samtenen Pfoten. Fast atemlos höre ich zu. So habe ich Chet Baker noch nie spielen gehört. Er spielt anders als auf den West-Coast-Platten von Pacifiz Jazz, die ich kenne. Viel mehr Drive, Biß. Doch bei aller Kraft unglaublich entspannt, cool und melodisch. Jetzt spielen der Tenorist und Chet im Wechsel mit dem Schlagzeug »Fours«. Die drei Musiker jagen sich. Aber der Sender blendet sich aus. Ich steuere mit dem Regler meines Tonbandgeräts dagegen. Es hilft nichts. Ein sachlich-kühler Sprecher verkündet, daß dies eine Übertragung war anläßlich der Berlin-Woche in München. Ich drücke auf Stop. Schalte das Radio aus. Höre mein Tonband ab. Mein Gott, was tue ich hier in diesem Wohnzimmer. In Berlin. Chet Baker ist in München.

Am nächsten Morgen fahre ich mit dem Fahrrad zu meiner Arbeitsstelle. Einer Druckerei, in der ich eine Lehre als Schriftsetzer machte. Ich komme am S-Bahnhof Berlin-Wittenau vorbei. Vor dem Bahnhof ein Zeitungskiosk. Aufmacher einer Boulevard-Zeitung: »Chet Baker in München verhaftet.« Ich lese, daß die Polizei schon während des Konzerts gekommen sei, um Chet zu verhaften. Sie hatten nur den Auftritt abgewartet. In dem Blatt liest sich das so: »Als sich die Gefängniszelle hinter dem drogensüchtigen Trompeter schloß, hatte er noch den Beifall und Jubel des Münchner Publikums in den Ohren . . .«

Ich bin wie betäubt. Schon wieder so eine Meldung. Kein Wort über seine Musik. Was zählt, scheint nur die Sucht zu sein. Das Anderssein als andere. Vielleicht kippen sich die Schreiber solcher Artikel jeden Abend mit Schnaps und Bier voll. Aber sie zeigen mit Fingern auf diesen Suchenden.

Die Arbeiter in der Druckerei haben ihre Zeitung schon gelesen. Natürlich. Einer, von dem es hieß, daß er bei der Waffen-SS gewesen sein soll, meint zu mir: Die Amis werden Deutschland noch verderben mit Rauschgift und Negermusik. Für diesen Kerl muß ich mittags immer Bier holen gehen. Und er ist der, der mich verspottet, wenn ich fast zusammenbreche unter der Last des zentnerschweren Korbs mit Kokskohle, den ich zweimal die Woche aus dem Keller hochschleppen muß. Beim Bierholen und Kohlenschleppen trösten mich meine Tagträume voll sanfter Musik. An diesem Tag nach dem Münchner Konzert bin ich unendlich traurig.

Später erfahre ich, daß sie Chet in eine psychiatrische Klinik nach Haar bei München gebracht haben.

Jürgen, mein Freund, studiert Musik und spielt Klavier. Er teilt meine Liebe zu Chet Baker. Mit ihm und seiner Freundin setze ich mich hin, und wir schreiben einen Brief an Chet Baker, zur Zeit Psychiatrische Klinik, München-Haar. Wir schreiben, wie sehr wir seine Musik bewundern, seine Platten lieben. Und daß wir hoffen, er ist stark genug, um die Torturen in der Klinik auszuhalten. Wir schicken den Brief ab. Ob er ihn jemals gelesen hat?

Jürgen und ich haben oft versucht, Chet-Baker-Stücke nachzuspielen. Er auf dem Klavier und ich auf der Trompete, die ich seit einiger Zeit hatte. Eine silberne, schmale Trompete, Fabrikat DDR. Ich hatte sie mir in Ost-Berlin gekauft. Am liebsten spielten wir das langsame, sehnsüchtige »Lover-man«. Oft aber auch »Summertime«. In e-Moll, mittelschnelles Tempo, so wie es Chet Baker gespielt hat auf einer Schallplatte, die damals im Bertelsmann-Club erschienen ist. In einem roten Cover steckten acht Titel, die er 1955 in Paris aufgenommen hatte. Mit Gerard Gustin, Piano; Jimmy Bond, Baß; Bert Dahlander, Schlagzeug.

Jürgen stand besonders auf »Summertime«. Er hörte es wieder und wieder und konnte Chets Solo Note für Note auf dem Klavier nachspielen. Ich lernte es von ihm. Mir gefiel besonders auf dieser Platte »The Girl From Greenland«. Bei dem Stück saß ein Mann am Klavier, den ich vorher noch nie gehört hatte: Dick Twardzik. Von ihm stammte auch der Titel. Twardziks Musik ist sehr ungewöhnlich. Bizarr in Rhythmik und Melodik. Gegen den Strom gespielt. Jürgen hatte von uns beiden die besseren Ohren. Er mußte für mich das Stück notieren, und ich habe es dann vom Blatt gelernt. Bin jedoch nicht damit zurechtgekommen. Konnte nur das

Thema spielen, kaum mehr. Habe auch nicht begriffen, was Chet Baker da improvisiert hat. Fand nur, daß es sich einfach toll anhörte. »Summertime« verstand ich. Das »Girl From Greenland« blieb mir verschlossen.

Aber Jürgen und ich haben immer wieder versucht, wie Chet Baker und Dick Twardzik zu spielen. Bei Jürgen zu Haus – bis die Nachbarn gegen die Wände trommelten – und nachts im Old Eden Saloon in der Damaschkestraße, rechts vom Kurfürstendamm. Eigentlich lief dort Popmusik, und es gab solche Ereignisse wie die Wahlen zur Miss Eden-Saloon – oben ohne. Doch ganz hinten durch, kaum zu finden, war ein kleiner, stickiger Raum: das Reservat der Jazz-Indianer, die unentwegt gegen die Beatles und Beach-Boys anspielten. Ich versuchte Chets Ton auf meiner Trompete zu treffen. Im Eden Saloon waren diese Versuche gefragt. In dem Jugend-Symphonie-Orchester aber, in dem ich auch spielte, überhaupt nicht. Ich mußte mich umstellen, konnte es auch, weil mir das Musikmachen in dem großen Orchester gefiel. Wenn allerdings aus diesem Orchester ein Bläser-Ensemble gebildet wurde – und das geschah bei Reisen öfter –, dann war alles zu spät für mich. Das zackige »Berliner Luft, Luft, Luft« wollte mir einfach nicht über die Lippen kommen. Ich spielte gegen den EINS – zwei – EINS – zwei – Rhythmus an und brachte damit den beseelten Dirigenten zur Weißglut. Tut mir leid – nur Marschmusik war und ist nun mal nicht mein Ding. »The Girl From Greenland«, das hatte den Rhythmus, den ich mochte.

Später habe ich gelesen, daß der Pianist und Komponist Richard Twardzik kurz nach der Aufnahme, im Oktober 1955, in Paris gestorben ist. Allein in seinem Hotelzimmer. Dick Twardzik war abhängig. Und die Todesursache war eine Überdosis Heroin. Ein Schock für mich.

Erstmals habe ich das gelesen auf dem Platten-Cover von

»Chat Baker In Europe – A Jazztour Ot The NATO-Countries«. Die Rückseite enthält Notizen von Chet über seine erste Europatournee. Auf der Platte waren die Stücke drauf, die ich schon von der *Bertelsmann*-LP her kannte. Aber bei dieser US-Ausgabe, erschienen bei *Pacific Jazz* – wo sonst? –, gab es vorn auf dem Cover ein starkes Foto: Chet Baker vor der Gangway zu einem Pan Am Clipper. Er umarmt zur Begrüßung – oder zum Abschied? – eine junge Frau und hat dabei seinen Trompetenkoffer in der Hand. Auf dem Koffer konnte ich einen Aufkleber identifizieren. »Hotel am Steinplatz – Berlin«. Von da an wurde dieses Hotel, ein paar Häuser neben Bote & Bock, zum Tempel, den ich umschlichen habe wie einen geweihten Ort. Hier ist Chet gewesen. Er muß dort gewesen sein nach dem Konzert im Palais am Funkturm. Das Konzert, um das ich meinen Bruder so sehr beneidet habe.

Ich stellte mir vor, wie Chet in dieses Hotel gegangen ist. Was er gesehen hat. Wie er sich dabei gefühlt haben wird. Dabei fiel mir ein, was ich bei Joachim-Ernst Berendt gelesen hatte: »Chet Baker geht wie ein Fremder durch eine Welt, die anderen wohlbekannt ist. Deshalb ist er auch so überzeugend, wenn er singt To Watch Over Me. Denn so ist er.« Wie geht man als Fremder durch die Welt? Sah er die Welt, wie ich sie sah? Gewalt, Gedröhne, Häßlichkeit? War seine Welt die gleiche, nach der ich mich sehnte? Zärtlichkeit, Wärme, Schönheit. Meine Sehnsüchte habe ich vor anderen verborgen. Hatte Angst davor, von anderen verletzt zu werden. Legte mir deshalb ein cooles Äußeres zu. War aber hilflos, wenn es darum ging, hart zu sein, sich sein vermeintliches Vorrecht zu erkämpfen. Ich haßte Kämpfen. Andere lebten auf dabei. Diese Welt war mir fremd. War diese fremde Welt die wirkliche Welt?

Ich hatte Sehnsucht nach dem einen Mädchen, bei dem ich nicht um Liebe kämpfen mußte. Wo es blindes Vertrauen gab. Verstehen. Ich träumte davon, händchenhaltend durch die Welt zu gehen. »Alone together«.

Bei Berendt las ich, daß Chet mit einer jungen Frau reiste, Lilian. Und daß sie so eng beieinander gewesen seien, daß neben und zwischen ihnen kein Raum für andere war. Ich habe das ganze Kapitel über Chet Baker in Berendts »Variationen über Jazz« mit der Hand abgeschrieben. Copy-Shops gab's noch nicht, oder ich kannte sie nicht. Ich habe mit Kohlepapier zwei Durchschriften gemacht. Für Freunde. Das Buch war aus der städtischen Bibliothek nur ausgeliehen. Von den paar Mark, die ich hatte, habe ich lieber Schallplatten gekauft.

In dem Text war davon die Rede, daß Chet mit nur einem Stück über Nacht berühmt geworden sei. »My Funny Valentine«. Gespielt vom Gerry Mulligan Quartet mit Chet Baker, Trompete, Gerry Mulligan, Bariton-Saxophon, Carson Smith, Baß, und Chico Hamilton, Schlagzeug. Ich wußte nicht, wie das Stück ging. Zu der Zeit, den späten Fünfzigern, gab es in Berlin keine Platten von diesem Quartett. Aber ich kann mich genau erinnern, wie ich zum ersten Mal »My Funny Valentine« gehört habe. Es war in der Marburger Straße, dicht am Breitscheidplatz, da gab es auch einen Jazz-Plattenladen, den zweiten neben Bote & Bock. Er gehörte HaWe Schneider, dem großen, dicken, vollbärtigen Posaunisten, der bei den Spree-City-Stompers spielte. Und dort entdeckte ich »Chet Baker Sings«. Unter drei pastellfarbigen Balken ein Foto von Chet, wie er leicht nach vorn gebeugt in ein Mikrofon singt. Und auf dieser Platte war »My Funny Valentine«. Nicht die berühmte Version mit dem Gerry Mulligan Quartet, sondern eine Gesangsversion mit Chet mit seinem eigenen Quartett, das er zusammen mit Russ Freeman,

Piano, gebildet hatte, nachdem die Mulligan-Gruppe auseinandergebrochen war, weil Chet Baker eine höhere Gage gefordert hatte.

An dem Tag, als ich mit der Platte in eine der gläsernen Abhörkabinen des Ladens ging, hatte ich Halsschmerzen. Erkältung. Als ich wieder herauskam, konnte ich mich an keine Schmerzen mehr erinnern. Ich hatte nur noch diese Stimme im Ohr. Seine Stimme, die »My Funny Valentine« gesungen hatte. Und »I Fall In Love Too Easily«. Und »The Thrill Is Gone«. Chet singt auf dieser Platte einfach nur die Wörter der Songs. Er improvisiert nicht mit der Stimme – nur auf der Trompete. Aber wie er singt, das ist so persönlich, so tief empfunden, voll echtem Gefühl – mich hat es atemlos und betroffen gemacht. Nie zuvor hat mich eine Gesangsstimme so verzaubert wie Chets Stimme, als ich ihn zum ersten Mal singen gehört hatte. Im Jazz-Laden in der Marburger Straße. Wo vorn der große, dicke, bärtige Posaunist hinter dem Ladentisch stand.

Ich konnte die Platte nicht kaufen. Kein Geld. Aber ich bin in den nächsten Wochen oft in die Marburger Straße gegangen, um Chet zu hören. Eines Tages war die Platte nicht mehr da. Ich habe mir gewünscht, vorgestellt, daß sie ein Mädchen gekauft hätte. In der Jazz-Ecke der *Gondel* hatte ich ein Bild gesehen: Ein Mädchen sitzt versunken vor ebendieser Platte mit den pastelligen Farbbalken über seinem Foto. Darunter stand: »Sehnsucht nach Chet Baker«. Ich habe dieses Mädchen nie getroffen.

Auch daran dachte ich, als ich die Uhlandstraße entlangging. Auf dem Weg, Chet zu sehen. Und ich erinnerte mich daran, wie ich in Paris ein Bild von ihm an der Wand sah. Es war in dem berühmten Club mit dem gleichen Namen: Blue Note.

In der Rue d'Artois, gleich neben den Champs-Élysées. Ein Gitarrist, der im Riverboat am Fehrbelliner Platz in Berlin spielte, erzählte mir, daß er im Pariser Blue Note Chet Baker gehört hatte. Im Riverboat lernte ich auch den schwarzen GI kennen, der mir öfter ein Päckchen Camel mitbrachte, »the originals«. Das war schon was. Camel rauchen und Be-Bop hören. Mit ihm kam ich erstmals in Dug's Nightclub in Schöneberg. Ein schwarzer US-Club. Rhythm and Blues wurde da gespielt. In der Mitte des Raumes war eine Tanzfläche, mit Seilen umgrenzt wie ein Boxring. Tanzen war nie mein Ding gewesen. Doch wie die Schwarzen in Dug's Nightclub tanzten, das fand ich schon stark.

Endlich aber fuhr ich nach Paris. Mit einem Freund, der einen Opel Rekord hatte. Schon damals ein Oldtimer: Graues Chassis, beigefarbenes Dach, Weißwandreifen. Lenkradschaltung und Vorderbank. Später habe ich ihm dieses Auto abgekauft. War mein erster Wagen.

Berlin–Paris, das zog sich bei einem Schnitt von neunzig Kilometern in der Stunde. Aber Paris, das war unser Mekka. Juliette Gréco, Albert Camus, Boris Vian. Und es war die absolute Jazz-Metropole. In Berlin gab es nur die Paris-Bar. Doch immerhin: Juliette Gréco und Cool-Jazz von Platten, offener Rotwein, richtige Baguettes und heiße Zwiebelsuppe – für uns hatte die Paris-Bar der frühen 60er das Flair von St. Germain. Yuppies gab es noch nicht. Weder das Wort noch den Typ.

Als ich Chet Baker dann in Paris suchte, war er gerade nicht in der Stadt. Nur sein Bild hing an einer Wand des Blue Note. In Schwarzweiß im Gegenlicht aufgenommen, spielt er auf diesem Bild mit aufgeblasenen Wangen seine Trompete. Bin damals in Paris auch im Keller Le Chat Qui Pêche in der Rue de la Huchette gewesen und im Club St. Germain. Alles Clubs, in denen er Anfang der 60er gespielt hat. Ich hatte davon gehört, auch Bilder gesehen. Zum Beispiel eins zusammen mit Johnny Griffin und Klaus Doldinger vor dem Chat Qui Pêche. Aber ich war zur falschen Zeit an den richtigen Orten. Doch eine Entdeckung machte ich in einem Plattenladen am Place St. Germain. Dort gab es eine Platte mit dem gleichen Foto von Chet, wie es im Pariser Blue Note hing. Auf der Platte spielte er mit fünf italienischen Musikern. Aufgenommen 1959 in Mailand. Ich kannte die Platte aus Berlin nicht. Es gab in dem Laden keine Abhörmöglichkeit. Ich habe sie ungehört gekauft.

Das Jugend-Hotel, in dem ich in Paris wohnte, wurde von einem Typen geführt, der von morgens bis in die Nacht Jazz-Platten spielte. Zu ihm bin ich hin mit meiner neuen Platte, und wir haben sie zusammen gehört. Chet spielte Stücke darauf, die ich von ihm noch nie gehört hatte. Wußte nicht, daß er überhaupt solche Nummern spielen würde. Ich kannte fast nur Standards aus dem »All American Songbook« von ihm. Aber hier: »Pent-Up-House« von Sonny Rollins, »Cheryl Blues« von Charlie Parker oder »Lady Bird« von Tadd Dameron. Ich stand darauf, wie boppig mein lyrischer Held auf dieser Platte spielte.

Was ich zu der Zeit noch nicht wußte: Chet Baker hatte bereits 1952 mehrere Gigs mit Charlie Parker gespielt. Als Parker in Los Angeles war, suchte er einen Trompeter und hielt eine »audition« ab. Alle Trompeter aus der Los-Angeles-Aera waren da, um diese Chance zu bekommen. Auch so namhafte wie Pete und Conte Candoli. Aber Charlie Parker wählte den völlig unbekannten, jungen Trompeter Chet Baker aus. Sie spielten zwei Stücke zusammen, und Charlie Parker engagierte ihn auf der Stelle. Das Engagement bei dem Be-Bop-Genie muß so etwas wie ein Ritterschlag für Chet Baker gewesen sein. Er erzählte noch Jahre später diese Geschichte immer wieder mit Stolz: »I was twenty-two years old and scared to death.« Schließlich spielte er mit Charlie Parker noch vor der Zeit, in der er, zusammen mit Gerry Mulligan, berühmt wurde.

Der Hotel-Typ in Paris hatte Chet live gehört und sagte, daß er in den Clubs sehr ähnlich wie auf meiner neuen Platte spielte. Melodischen, zupackenden Modern-Jazz. Viel Be-Bop.

Damals bekam ich eine Ahnung davon, daß es einen Unterschied geben mußte, wie Musiker »wirklich« spielen und wie sie auf Platten produziert werden. Ich bekam meine ersten Zweifel an Richard Bock, dem Produzenten von *Pacific Jazz*. Er hatte Erfolg mit sogenanntem West-Coast-Jazz. Und alles, was er produzierte, bekam diesen Stempel aufgedrückt und mußte sich als West-Coast verkaufen. Es gab natürlich typischen West-Coast-Jazz, der anders war als die Musik, die in New York gespielt wurde. Aber eigentlich beschränkte sich das auf eine Art Studiomusik, manchmal sehr durchkomponiert und konzertant, geprägt von der Arbeit an Filmmusiken für Hollywood. Ich dachte, ich sei ein »West-Coast-Fan« gewesen. Aber die Musiker, die ich vor allem mochte, lebten und spielten einfach nur in den 50ern an der Coast, in Los Angeles, aber sie machten deswegen keine Musik, die man als West-Coast-Jazz hätte bezeichnen können. Das waren Gerry Mulligan oder Zoot Sims oder Wardell Gray, Art Pepper und eben Chet Baker, der zwar am 23. Dezember 1929 in Oklahoma geboren wurde, aber seit dem zehnten Lebensjahr in Los Angeles aufwuchs.

Ich wußte, daß Chet Baker mit 16 Jahren, 1946, als US-Soldat nach Berlin gekommen ist. Seine Mutter meinte, die Armee würde die richtige Ausbildung für den Jungen sein. In Berlin spielte er als Trompeter in der Army Band. Noch 30 Jahre später hat sich Chet kopfschüttelnd daran erinnert, wie oft er im Winter in eisiger Kälte auf dem Berliner US-Flughafen hat strammstehen müssen, als Mitglied einer Ehrenkompanie. Wie er dann mit klammen Fingern die Trompete hielt, weil irgendwelche Honoratioren mit Musik empfangen werden wollten. Aber Berlin hatte in seiner Erinnerung auch eine andere Bedeutung. Damals hörte er zum ersten Mal im amerikanischen Soldatensender AFN Musik von Stan Kenton und vor allem von Dizzy Gillespie. Be-Bop, das war das neue Ding für den jungen Trompeter, der bis dahin Harry James für den absoluten Hit gehalten hatte. Mann, Chet Baker kam in Berlin, in meiner Stadt, auf seine Musik. Und diese Musik war geprägt und beeinflußt von Dizzy Gillespie und Miles Davis, von Charlie Parker und von den Leuten, mit denen er zu Hause in Los Angeles und San Francisco Anfang der 50er gejammt hat, Nacht für Nacht. Mit Wardell Gray, Pony Poindexter, Sonny Criss . . ., bevor er 1952 zusammen mit Gerry Mulligan das sensationelle Quartett bildete. Ohne Klavier. Nur Bariton-Saxophon, Trompete, Baß und Schlagzeug.

Damals in Paris, bei der Schallplatte mit den italienischen Musikern, wurde mir klar, daß Chet Baker eigentlich anders spielte als auf all den Platten, die *Pacific Jazz* zuvor veröffentlicht hatte. Das war meine erste Baker-Platte, die nicht von Richard Bock produziert war. Und hier spielte Chet härter, swingender. Aber immer melodisch und schön. Und sehnsuchtsvoll. Die Ballade »My Old Flame« ist voller langer, geradezu klagender Töne, in einer fast schwebenden Atmosphäre.

Was und wie würde er heute abend spielen? An diesem Mittwoch im Januar 1964, an dem ich ihn zum ersten Mal sehen werde. Ich ging jetzt rüber auf die andere Seite der Uhlandstraße, rein ins Blue Note. Gab meinen Mantel ab, kaufte eine Karte. Die Garderoben-Frau war wie immer. Und doch war an diesem Abend alles ganz anders als sonst. Rechts gleich neben der Eingangstür hing ein Plakat. Da hing immer ein Plakat, auf dem stand, wer gerade spielte. Jetzt las ich: Chet Baker, Trompete – Tete Montulio, Klavier – Peter Trunk, Baß – Joe Nay, Schlagzeug.

Freunde waren schon da. Ich setzte mich dazu. Wir hatten den besten Tisch. Ich sah mich um. Viele Leute kannte ich vom Sehen. Jazz-Publikum. Es wurde voll an diesem Abend. Sehr voll. An manchen Tischen konnte man im Sitzen nur noch schlecht sehen. Aber von unserem Tisch aus blieb gute Sicht. Es kamen eine Menge Leute, die ich hier im Blue Note noch nie gesehen hatte. Wieder machte ich mir Sorgen. Würden die überhaupt verstehen, was Chet spielt? Und vor allem, wie werden sie reagieren, wenn er singt mit seiner zarten und sanften Stimme?

Ich hörte überall Gequatsche, lautes Lachen, Gläsergeklapper. Ich hörte es, und es störte mich. Ich hatte einen Kloß im Hals. War nervös. Vor den Auftritten und in den Pausen lief im Blue Note immer Plattenmusik. Jetzt dröhnte irgendeine Big-Band-Musik. Ich stellte mir vor, daß Chet einen Schreck kriegen muß, wenn er das laute Lachen aus dem Publikum und die dröhnende Big-Band aus den Lautsprechern hören würde. Wo war er eigentlich? Ich konnte ihn nirgendwo sehen. Ich sah Peter Trunk. Er stand hinten an der Bar in der Musikerecke und redete mit jemandem. Sein Baß lag auf der Bühne. Jetzt ging Cees See, der Drummer, der statt Joe Nay den ersten Set spielen würde, auf die Bühne, setzte sich auf seinen Hocker hinter die Trommeln. Probierte die Fußpedalen der Bassdrum und der Hi-Hat. Rückte alles zurecht. Ging wieder runter von der Bühne. Im Saal wurde es immer voller. Ich fragte den Kellner nach Chet. Er ist schon dagewesen, und es wird sicher bald losgehen. Ich wurde immer nervöser. Gleich werde ich ihn sehen. Wie wird er aussehen? Ich hatte von Dutzenden Fotos sein Bild im Kopf. Seine

Stimme in den Ohren. Aber ich hatte ihn noch nie live gesehen und gehört.

Da kommt Peter Trunk und führt an seinem Arm den blinden Tete Montulio zur Bühne. Wie ich es schon so oft gesehen habe, stoppen sie kurz vor der kleinen Treppe zur Bühne. Tete macht jetzt ganz vorsichtig die drei Schritte zur Bühne rauf. Er greift mit der Hand zum Flügel, Peter Trunk läßt seinen Arm los, weil Tete den Weg jetzt selber findet. Wie an einem Geländer läßt Tete Montulio sich vom Flügel zu seinem Klavierhocker führen. Er setzt sich. Rückt den Hocker zurecht, schlägt ein paar Akkorde an, die man aber nicht hören kann, weil noch immer die Schallplattenmusik aus den Lautsprechern dröhnt. Jetzt faßt sich Tete mit beiden Händen an seine große, schwarze Sonnenbrille, die die blinden Augen verdeckt. Er schiebt die Brille etwas höher, hält sie fest. Verharrt so, vor sich hin lauschend. Cees See spielt ein paar Wirbel auf der Snare-Drum. Jetzt deutlich zu hören. Die Plattenmusik wird abrupt abgeschaltet, als der Drummer auf die Trommel schlägt. Peter Trunk streicht mit dem Bogen über die Baßsaiten, greift mit der anderen Hand hoch und stimmt die Saiten nach den Tönen, die ihm Tete auf dem Flügel vorgibt.

Rechts von der Bühne, gleich neben dem Eingang, stehen dicht gedrängt eine Menge Leute. Die dichte Menschentraube zieht sich bis zur Bar rüber. Plötzlich ist Bewegung in der Menge. Jemand zwängt und schiebt sich durch nach vorn. Chet Baker. Die Leute machen, so gut es geht, Platz. Jetzt ist er rechts an der Bühne angekommen. Alles reckt den Hals. Es ist immer noch laut. Überall Gequatsche. Ich habe feuchte Hände. Bin total stumm. Stoße nur einen Freund neben mir an. Der gibt den Stoß zurück. Chet steigt nicht die Stufen der Treppe hinauf, sondern springt mit einem Satz auf die Bühne.

Das Licht im Club wird dunkler, und die Bühnen-Scheinwerfer gehen an. Chet Baker sieht sehr weiß aus im Gesicht. Seine Haare hat er zurückgekämmt, wie auf den Fotos, die ich aus den frühen 50ern kannte. Vorn mit dieser Welle, die auch Elvis Presley in seinen jungen Jahren hatte. Er trägt einen dunkelgrauen, einreihigen Anzug. Ein weißes Hemd mit einer schmalen Krawatte. Er sieht klein aus auf der Bühne. In seiner Linken hält er ein golden-glänzendes Flügelhorn. Keine Trompete. Er schaut nicht ins Publikum, sondern wendet sich zu Tete Montulio. Spielt ein paar Töne. Das Flügelhorn dabei in gebeugter Haltung nach unten haltend. Stimmt sein Instrument. Im Club ist es ganz still geworden. Ich höre nur noch vereinzeltes Flüstern und Gläserklappern. Aber ich nehme es nicht mehr wahr.

Jetzt dreht sich Chet um. Macht einen Schritt auf das Mikrofon zu. Faßt an das Gelenk der Mikro-Halterung und drückt das Mikro etwas tiefer nach unten. Peter Trunk und Cees See schauen auf Chet. Cees sitzt links hinter ihm. Peter steht halb rechts, und rechts von ihm sitzt Tete, der auch seinen Kopf irgendwo in die Richtung hält, von der er vermutet, daß Chet steht. Jetzt hält Tete den Kopf aufmerksam nach vorn gebeugt, zieht die Stirn über der schwarzen Brille in Falten. Cees See hält seine Trommelstöcke in der Hand. Chet zählt, halb zu Tete gewendet, einen schnellen Rhythmus vor. Ich kann seine Stimme nicht hören. Aber ich sehe, wie er beim Zählen seine Lippen bewegt und dazu im Rhythmus mit dem Kopf nickt – fast mit dem ganzen Oberkörper. One. – Two. – One. Two. Three. Four. Dabei dreht er sich nach vorn zum Publikum, setzt das Flügelhorn an die Lippen. Und dann kommen, kurz gestoßen, vier Töne, die sich mehrmals wiederholen und das Thema bestimmen.

G – A – H – A . . . Chet Baker spielt »Milestones« von

Miles Davis. In rasendem Stakkato reißt er die vier Noten hervor, fliegt jetzt hoch auf den langen Tönen, die die Brücke bilden und wieder das Stakkato des Anfangsthemas. Cees See schlägt einen Break, und Chet beginnt, von unten kommend, kadenzartig sein Solo über »Milestones«. Er ist das Stück in rasend schnellem Tempo angegangen. Die Läufe perlen aus seinem Horn. Und jeder Ton ist trotz des Tempos klar definiert und artikuliert. Und jeder Lauf ist Teil eines großen, filigranen Melodiebogens, den Chet in seinem Solo weiter und weiter öffnet. Tete Montulio wirft immer wieder den Kopf zurück – mit einem stummen Lachen in seinem großen, breiten Gesicht. Er unterfüttert Chets Linien mit rhythmisch-akzentuierten Akkorden. Peter Trunk wiegt sich, wippt und tanzt an seinem Baß im Rhythmus, den er selbst mit pulsierend-treibenden Griffen vorantreibt. Cees See setzt seine trockenen, lakonischen Akzente auf den Trommeln, ohne dabei die Cymbals zur Ruhe kommen zu lassen. Die Musik kocht. Meine Spannung läßt etwas nach. Weicht der Faszination, dem Zauber.

Dieser Mann dort auf der Bühne zieht mich und das ganze Publikum in seinen Bann. Chet bewegt sich fast gar nicht beim Spielen. Er steht gerade, den Oberkörper etwas zurückgelehnt, die Hüften ganz leicht nach vorn geschoben. Manchmal geht er beim Spielen sanft in die Knie, kommt wieder hoch, setzt die Aufwärtsbewegung fort mit dem Flügelhorn, um dann wieder leicht in die Knie zu gehen und die Bewegung nach oben erneut zu beginnen – korrespondierend zu den Linien, die er auf seinem Flügelhorn spielt. Sein Ton ist weich, aber voll und gestochen scharf artikuliert. Seine Linien sind schnell und boppig. Mein Freund schlägt mir aufs Bein. »Mensch, Milestones«. Ja, das ist nicht der Chet Baker, den wir kannten von seinen frühen *Pacific-Jazz*-Platten, die immer so verspielt und unbekümmert waren.

Dieser Chet, der da auf der Bühne spielt, das ist ein zupakkender Trompeter, in einer Linie mit Clifford Brown oder Blue Mitchell. Und doch unverwechselbar Chet Baker. Sein Sound. Seine Melodik.

Das erste Stück ist zu Ende. Chet setzt das Flügelhorn ab. Dabei geht er mit dem Kopf nach unten. Ich weiß nicht, ob das eine Verbeugung ist für den riesigen Beifall, der sofort losbricht, oder ob es Erschöpfung ist. Ich will irgendwas rufen, bringe aber nur »Yeaahhh« raus. Jetzt schaut er kurz zum Publikum. Seine Augen sehen groß und dunkel aus. Ich sehe sie zum ersten Mal. Vorher beim Spielen hat er sie zugehabt. Auch als Tete Montulio sein Solo spielte. Da hat Chet einfach dagestanden, leicht gegen den Flügel gelehnt, den Kopf gesenkt. Ab und zu ging durch seinen Körper ein rhythmisches Zucken. Aber nicht oft. Nur bei bestimmten Breaks zeigte er nach außen Reaktionen. Ich ließ kein Auge von meinem Idol.

Jetzt geht er wieder den einen Schritt zum Mikro und richtet es etwas anders aus. Er zählt: »One . . . two . . . testing . . . one . . . two . . .« Durch die Lautsprecher kommt seine sanfte Stimme. Er dreht sich zu den Musikern um, sagt etwas, das ich nicht verstehen kann. Tete Montulio beginnt ein rhapsodisches Intro auf dem Flügel. Eine Ballade kündigt sich an. Ich kann am Intro das Stück noch nicht erkennen. Bin auch viel zu aufgeregt. Die Gespräche im Publikum sind wieder lauter geworden. Vielleicht angeheizt durch das schnelle »Milestones«.

Seid bitte jetzt leise. Chet steht ganz dicht am Mikrofon. In seiner Linken hält er das Flügelhorn. Mit der rechten Hand hat er das Stativ des Mikrofons umklammert. Jetzt dreht er sich um nach Tete Montulio, der versonnen und selbstvergessen sein Intro ausbreitet. In der Kopfbewegung zurück zum Mikrofon fängt Chet an zu singen: »You Don't Know What Love Is . . .« Wieder hat er die Augen geschlossen. Er bewegt kaum den Mund. Er singt etwas seitlich am Mikro vorbei. Ich sehe, daß er vorn oben eine Zahnlücke hat. Wie kann jemand mit einer Zahnlücke so Trompete spielen? Sein Gesang ist streichelnd, warm und sanft, wie ich ihn von den Platten her kenne. Ich lasse mich tragen. Es ist mucksmäuschenstill im Blue Note. Aber ich kann mich irgendwie nicht konzentrieren. Bin überwältigt von der Tatsache, daß jetzt in diesem Augenblick, ein paar Meter von mir entfernt, Chet Baker steht und singt. Jetzt. Zur gleichen Zeit. An derselben Stelle. Unsere Leben haben sich in diesem Augenblick gekreuzt.

Es sind Fetzen, Blicke, Gesten, Stücke, Fragmente, an die ich mich erinnern kann. Aber diese erste Begegnung im Jahr 1964 hat sich für immer in mein Gedächtnis eingegraben.

Ich erinnere mich, wie er, mehr zu den Musikern als zum Publikum, »Solar« ansagte. Ein Stück von Miles Davis, das damals eigentlich im moderaten Tempo gespielt wurde. Gleich nachdem Chet »Solar« sagte, gab er das Tempo vor. Ein sehr schnelles Tempo. Tete Montulio nickte mit dem Kopf im Rhythmus und lachte dabei erstaunt über das Tempo, das Chet vorgab. Aber er wußte, was er tat. Dieses rasende Solar war das schönste Solar, das ich je gehört habe. Und es klang, als ob es immer so schnell hätte gespielt werden müssen.

Und ich erinnere mich an die Pause nach dem ersten Set. Chet blies kurz ein paar Takte von Charlie Parkers »Cool Blues« – damit beendete er damals als Theme-Song seine Sets – und legte sein Flügelhorn vorn auf die Abdeckung des Flügels ab. Er sprang von der Bühne runter, ohne den Musikern noch irgend etwas zu sagen. Sie gingen jetzt auch von der Bühne. Chet zwängte sich durch die Menschentraube den kurzen Weg zum Ausgang durch. Er verschwand nach draußen. Die Club-Beleuchtung ging wieder an. Nie schien sie mir so hell zu sein. Und nie die Lautsprecher so laut, aus denen jetzt wieder Plattenmusik dröhnte. Irgendwas. Aber auf jeden Fall nichts Passendes. Was hätte auch besser passen können als Stille. Einfach Stille.

Die Pause war laut. Und sie wurde lang. So lang, daß das Publikum unruhig wurde. Auch die Musiker. Ich war nicht unruhig. Sondern so mit dem Ereignis beschäftigt, gerade Chet Baker gesehen zu haben, daß es mir gleichgültig war, wie kurz oder lang die Pause sein würde. Aber die Unruhe war nicht mehr zu übersehen und zu überhören. Einige aus dem Publikum fingen an, die Musiker auf die Bühne zu klatschen. Und sie gingen schließlich auch auf die Bühne. Peter Trunk führte Tete Montulio wieder an seinem Arm. Mittlerweile war auch der reguläre Drummer, Joe Nay, eingetroffen, der sich jetzt hinter das Schlagzeug setzte. Die drei fingen an zu spielen. Ohne Chet. Wo war er? Das Trio spielte sein erstes Stück zu Ende. Fing ein zweites an. Auf einmal wieder Geschiebe und Gedränge vorn rechts neben der Bühne. Plötzlich springt Chet Baker auf die Bühne. Keiner weiß, wo er war. Er war einfach wieder da. Jetzt hatte er klatschnasse Haare. Frisch gekämmt – wie nach einer Dusche. Mitten in dem zweiten Trio-Stück stand er auf der Bühne, wartete mit geschlossenen Augen, bis Tete sein Klaviersolo beendet hatte, und setzte dann ein zu einem Flug auf seinem Flügelhorn. Erst als er sich beim Beifall nach den Musikern umschaute, schien er wahrzunehmen, daß der Drummer gewechselt hatte. Er nickte Joe Nay kurz zu.

Und ich erinnere mich daran, wie Chet nach dem letzten Set hinten an der Bar in der Musikerecke stand. Ganz allein lehnte er an der Wand und rauchte. Der Club war schon leerer geworden. Ich saß immer noch wie angewurzelt auf meinem Stuhl und hatte freien Blick rüber zu Chet. Joe Nay, groß und breit, mit seinem roten Vollbart wie ein Wikinger, ging auf Chet zu. Joe Nay sang und sagte irgend etwas, mit seinem mächtigen Armen ruderte er dabei wild in der Luft herum. Mein Gott, der erdrückt ja den zarten Chet Baker mit seiner lauten, dröhnenden Art, dachte ich. Aber Chet grinste ihm nur entgegen, ging leicht wippend in die Knie, wie vorhin beim Spielen, schnippte lässig mit den Fingern einen Rhythmus und sang eine Be-Bop-Phrase. Joe Nay stieg darauf ein, und beide swingten, sangen und lachten dabei.

Chet Baker sah in diesem Augenblick aus wie der »King of Jazz«. Ein King dieser Zeit. Lässig, cool, etwas verloren. Auch wenn ich ihn später noch oft gesehen habe, dieses Singen und Mit-den-Fingern-Schnippen in der Januarnacht 1964 in Berlin, dieses Grinsen, das so unheimlich viel Tiefe, Wissen und Verlorenheit verraten hat, das habe ich noch heute so deutlich vor Augen, als sei es gerade erst gestern gewesen.

Ich sah noch, wie Chet und Joe etwas zusammen getrunken haben. Schließlich nickte Chet ihm kurz zu, nahm seinen Koffer mit dem Flügelhorn und verschwand durch den schweren Vorhang, der den Club von der Garderobe und dem Ausgang trennte. Ich hatte mich nicht getraut, ihn anzusprechen. Hatte Angst davor, etwas Dummes zu sagen. Auch Angst, ihn nicht allein sprechen zu können. Es wäre mir unmöglich gewesen, zu hören, wie irgendein ignoranter Mensch einfältige Fragen stellte oder freche Kommentare abgab. Aber ich hätte ihm für mein Leben gern die Hand gedrückt. Ihm gedankt für alles, was er mir gegeben hat. Dafür, wie reich er mein Leben mit seiner Musik gemacht hat. Doch ich traute mich nicht. Jetzt war er weg. Ich war frustriert. Tröstete mich damit, daß er ja zehn Tage spielen würde. Morgen würde ich ihn ansprechen. Morgen würde es bestimmt eine Gelegenheit geben. Ich zahlte abwesend. Ging im Geiste noch einmal die Titel durch, die ich gerade gehört hatte. Wollte alles genau behalten. Die Reihenfolge. Die Soli. Die Gesten.

Ich ging langsam zum Ausgang. Der Club war jetzt schon fast leer. Nur an der Bar saßen noch ein paar Leute. Tranken und lachten – so als wenn in den letzten Stunden nichts passiert wäre. Mich störte das, wie sie da hockten und über irgendwas redeten. Ich schob am Ausgang den Vorhang zur Seite, ging in den kleinen Garderobenraum. Es war kalt hier. Die Tür zur Straße stand weit offen. Und in der Tür stand ein kleiner Mann. Er hatte einen grauen Anzug an. Und er hatte einen Trompetenkoffer in der Hand. Chet Baker stand in der offenen Tür und rauchte. Ich ließ mir meinen Mantel geben, zog ihn über. Mein Herz klopfte bis zum Hals. Hier stand mein Prinz. Ganz allein. Ich konnte nichts überlegen, ich sagte einfach: »Thank you, Chet, thank you for the music.« Er schaute mich an. »Thank YOU for comin'.«

Mann, er hat zu mir gesprochen. Ich wußte gar nicht, wie mir geschah. Ich hörte mich fragen, wo er hin möchte. Ob ich ihm helfen könnte. Er antwortete, daß er auf ein Taxi warten würde. Er will ins Hotel. Wo ist denn das Hotel? In der Pariser Straße, antwortete Chet. Das ist nicht weit, wußte ich. Wir können zu Fuß gehen. Chet schaute mich etwas verwundert an, dann die leere Straße nach beiden Seiten rauf und runter, schließlich zuckte er mit den Schultern und meinte: »O.K. Let's go.« Wir gingen los. Chet und ich. Seite an Seite. In dunkler, kalter Nacht die Uhlandstraße runter in Richtung Kurfürstendamm. Ich schaute zu ihm rüber. Er war ein paar Zentimeter kleiner als ich. Aber nur ein paar. Er ging schnell. Doch die Kälte schien ihm nichts auszumachen.

Ich habe geredet, gestammelt. Über die erste Platte, die ich von ihm gehört hatte, fast acht Jahre her. Mit Caterina Valente. Er nickte nur. Ich fragte ihn, ob ich nicht seinen Koffer tragen darf. Nein, das wollte er nicht. Plötzlich sagte er, daß er sich freuen würde, wenn ich morgen nacht wieder ins Blue Note komme. Er sei heute nicht so gut gewesen, hatte sich nicht gut gefühlt. Aber morgen, morgen wird bestimmt alles besser. Ich fand's heute schon toll. No, no. Er bestand darauf, daß die Musik morgen besser werden würde. Chet, ich werde bestimmt dasein. Nicht nur morgen abend. Jeden Abend, den er im Blue Note spielen wird. Chet blieb stehen. »See you tomorrow.« Er faßte ganz kurz nach meinem Arm. Er wollte jetzt nicht mehr weitergehen, sondern doch lieber zurück zum Club und auf das Taxi warten. Ich sagte ihm, die Pariser Straße ist jetzt ganz nahe. Er schüttelte den Kopf. »See you tomorrow.« Und damit drehte er sich um. Ging wieder in Richtung Blue Note zurück.

Ich schaute ihm nach. Mir war kalt. Ob ihm der Weg unheimlich geworden ist? Ob er gefroren hat? Ich schlug meinen Mantelkragen hoch, zog den Kopf tief in die Schultern und machte mich nach rechts ab auf den Weg zum 16er Nachtbus. Die U-Bahn fuhr längst nicht mehr um diese Zeit. Als ich die Pariser Straße langkam, habe ich mir alle Häuser genau angeschaut. Ich habe kein Hotel gesehen, da wo ich langgekommen bin.

Am nächsten Morgen bin ich in der Hochschule der Künste, an der ich jetzt im ersten Semester studierte. Ich erzähle meinen Freunden haarklein, wie großartig diese Nacht zu Ende gegangen ist. Bin aber sauer und verletzt, als einer dröhnend lachend kommentiert: »Amis und laufen. Klar, daß er zurück zu seinem Taxi wollte.« Ich fand das profan. »Amis.« Es war der Prinz, der Held, der King, dem ich in der Nacht begegnet bin und mit dem ich Seite an Seite die Uhlandstraße langgegangen bin. Mensch, Chet Baker und ich.

Ich konnte kaum erwarten, daß es Abend wird. Daß es endlich wieder losgeht im Blue Note. Würde er mich wiedererkennen? Wahrscheinlich nicht. Ein Mann, der soviel erlebt, soviel Leute um sich hat, wie soll der sich an jemanden erinnern, der atemlos bewundernd neben ihm hergelaufen ist?

Als ich ins Blue Note kam, spürte ich, daß irgendwas nicht stimmte. Das handschriftliche Plakat hing immer noch rechts von der Garderobe. Wie gestern. Der Club wurde auch sehr schnell sehr voll. Ich konnte Joe Nay sehen, Peter Trunk und Tete Montulio. Sie saßen hinten an der Bar, in der Musikerecke. Jetzt gingen sie langsam zur Bühne, wieder führte Peter Tete zum Flügel. Die Musiker nahmen ihre Plätze ein. Plötzlich passierte etwas Ungewöhnliches: Der Club-Besitzer in seinem schwarzen Anzug ging auf die Bühne. Ziemlich nervös. Er nahm das Mikrofon. Er sagte, daß es Probleme gegeben hat. Chet Baker kann nicht hiersein. Man hofft aber, daß er noch auftreten wird. Wenn er jedoch bis elf Uhr nicht kommt, werden die Gäste ihr volles Eintrittsgeld zurückbekommen.

Was war los? Überall wurde geflüstert. Mir wurde ganz heiß. Ich ging zu dem Club-Besitzer, der jetzt von Leuten umringt an der Bar stand. Ja, Chet ist in der letzten Nacht in seinem Hotel verhaftet worden. Man hatte schon mit der Polizei gesprochen. Aber niemand konnte sagen, ob und wann Chet entlassen werden würde. Man kann nur hoffen. Ich saß auf meinem Platz und schaute unentwegt auf den schweren Vorhang am Eingang. Er wurde oft zur Seite geschoben. Aber nur neue Fans drückten sich erwartungsvoll und unbekümmert in den immer voller werdenden Club.

Die Musiker machten Pause. Plötzlich Unruhe. Peter Trunk muß wohl draußen gewesen sein, jedenfalls zwängt er sich jetzt mit einer Abendzeitung durch zur Bar. Alles drängt sich um ihn und seine Zeitung. Peter hält sie hoch. Ich kann die

Schlagzeile entziffern: »US-Jazz-Star in Berlin verhaftet.« Chet Baker wurde bei Ankunft in seinem Hotel, einer Pension in der Pariser Straße, verhaftet. Er war tagsüber bei mehreren Ärzten gewesen, um sich schmerzstillende Medikamente verschreiben zu lassen. Diese Medikamente hatte er bei einer einzigen Apotheke eingelöst. Von dort aus wurde die Polizei benachrichtigt. Die Recherchen begannen und führten in die Pension, in der Chet Baker wohnte. Man meinte wohl, die Bürger der Stadt Berlin müßten so schnell wie möglich vor dem »weltbekannten Junkie« geschützt werden.

Ich habe mir an diesem Abend nicht mein Eintrittsgeld wiedergeben lassen. Ich bin nicht abgehauen. Ich bin geblieben, zusammen mit einem traurigen Häuflein Elend und Verlorener, die immer noch gehofft und gebangt haben. Es war in dieser Nacht wie auf einer Trauerfeier.

In den nächsten Tagen habe ich in den Zeitungen mehr über Chet Baker lesen können als in all den Jahren zuvor. Aber keine einzige Silbe über seine Musik. Ich war aufgewühlt und traurig. Chet Baker saß erst im Schöneberger Polizeigewahrsam, dann in einer Berliner Nervenheilanstalt. Vor dem zu erwartenden Prozeß wurde in den Zeitungen die Rechtslage diskutiert und das Schicksal des »gestrauchelten Stars« breitgetreten. Ist nicht für den US-Bürger der amerikanische Stadtkommandant zuständig? Also kein Fall für die Berliner Justiz? Hier würde ja alliiertes Recht vorgehen. Ist er überhaupt ein Fall für die Justiz, nachdem er doch schon vor zwei Jahren in München aus Deutschland ausgewiesen worden ist? Es war furchtbar. Schließlich stand Chet Baker vor einem deutschen, einem Berliner Schöffengericht. Prozeß-Berichterstattung mit allem Drum und Dran. Der Blue-Note-Besitzer gab Interviews. Er hoffte immer noch, daß Chet sein Gastspiel fortsetzen würde . . .

Chet Baker fand in Berlin milde Richter. Er wurde freigesprochen vom Vorwurf des »fortgesetzten Opiumvergehens«, da er zur Tatzeit wegen seines Suchtzustands unzurechnungsfähig war. Zugleich ordnete das Gericht eine Unterbringung in eine Heilanstalt an, deren Dauer sich nach den »medizinischen Gegebenheiten« richten sollte. Die Öffentlichkeit war während des einstündigen Prozesses ausgeschlossen, weil – so das Gericht – gegen einen kranken Menschen verhandelt werden mußte. Chet Baker wurde vom Gerichtssaal direkt in die Wittenauer Heilstätten gebracht. »They put me in a nut-house«, hörte ich Chet später sagen.

An einen Artikel aus jener Zeit kann ich mich besonders gut erinnern. BILD-Zeitung: »Krankenbesuch bei Chet Baker.« BILD war dabei, als seine Frau Carol, zusammen mit dem einjährigen Sohn Dean, Chet Baker in Wittenau besuchte. Der Reporter schrieb, daß Carol ihm auch sein Flügelhorn mitgebracht hatte. »Als seine Frau ihm das Instrument in die Hand drückte, gelang es ihm nur mit Mühe, die Tränen zurückzuhalten.« Dazu Fotos: Chet mit Frau und Flügelhorn und mit Söhnchen Dean auf dem Schoß. Ein familiäres Idyll, Marke BILD-Zeitung. Schlimm und kitschig, aber wenigstens keine Junkie-Beschimpfung. Das Idyll wurde jäh unterbrochen. Der US-Kommandant schaltete sich ein. Er befand, daß die Therapie abzubrechen und daß Chet Baker zwangsweise aus Berlin in die USA zu bringen ist. Ich weiß nicht, welch kluger Ratschlag den US-Stadtkommandanten zu dieser Einsicht gebracht hat. Vielleicht gab es noch alte juristische Rechnungen in den USA zu begleichen. Vielleicht haben auch deutsche Behörden auf die Ausweisung gedrängt – jedenfalls endete mit der Deportation die europäische Odyssee des Chet Baker, die 1959 in Mailand begonnen hatte. In den folgenden Jahren bis 1964 wurde er durch so ziemlich alle Länder Westeuropas gehetzt und in fast allen von den Behörden verfolgt. Die Deportation erfolgte am

3. März 1964 mit der Auflage eines Aufenthaltsverbotes für die Bundesrepublik Deutschland. Er wurde nach Frankfurt geflogen und dort in ein Flugzeug nach New York gesetzt. Berlin war für Chet Baker zur vorläufigen Endstation in Europa geworden.

Chorus

Carnegie-Hall, New York '74

»My Funny Valentine«

On the Road, '78–'88

Warten auf Chet Baker. In der Zeit nach der Abschiebung gab es kaum noch Nachrichten über ihn. Irgendwo las ich, daß er im Sommer 1964, also bald nach seiner Ankunft in den USA, auf dem Newport-Festival gespielt hatte. Als Gast in der Gruppe von Stan Getz. Mein Gott, hat das niemand mitgeschnitten?

Wie in den Jahren vor der ersten Live-Begegnung blieben mir seine Schallplatten. War der Platz am Lautsprecher der Ort, wo ich ihn treffen und hören konnte. Er erzählte mir vom »Touch Of Her Lips« oder von »Born To Be Blue«. Erschienen auf »Baby Breeze«, eine der neuen Platten, die er Ende 1964 in den USA gemacht hatte. Immer noch spielte er Flügelhorn. Wie damals in der Nacht im Blue Note. Auf der Platte ist ein Text mit Statements von Chet Baker. Er sagt, daß es hart ist, dieses große Flügelhorn zu spielen. Besonders hohe Noten. »Wenn du nicht ständig spielst, schaffst du es nicht.« Er muß viel gespielt haben in dieser ersten Zeit in USA. Denn er spielt wunderbar auf »Baby Breeze«. Mit einem reinen, vollen Ton. In klaren, logischen Linien. Und immer wieder diese singbaren Melodien, wie nur er sie spielt, spontan erfindet.

Eine andere Platte, die in der Zeit erschienen ist, heißt auf schön amerikanisch: »Chet Baker – The most important Jazz album of 1964/65«. War mir aus der Seele gesprochen. Für mich ist jede neue Platte von ihm »the most important«. Auf dem Cover-Foto schaut er lieb lächelnd und stolz zugleich. Dieser Mann sieht aus, wie er spielt. Zart, romantisch, verletzbar. Und genauso ist der Song, den ich auf dieser Platte immer wieder höre: »Ann, Wonderful One«. Ich warte auf die Wiederholung des Themas am Schluß. Wie er das »Ann« singt. Er schmiegt sich an den Ton, moduliert ihn. Betont danach jede Silbe des Verses im Rhythmus. Es muß wirklich eine wundervolle Ann sein, die er dabei im Herzen hatte.

Dann kommen die berühmten *Prestige*-Aufnahmen heraus. Eine Serie von fünf LPs. Nur schwer zu bekommen in Deutschland. Groovin', Smokin', Comin On'– diese drei konnte ich finden. Chet Baker im Quintett mit dem Tenoristen George Coleman und dem Pianisten Kirk Lightsey. Die Musik paßt wirklich nicht mehr in die Schublade, in die man früher so gern Chet Bakers Musik abgelegt hat: West Coast Jazz. Das ist einfach Jazz. Modern Bop. Geprägt von Chets Persönlichkeit. Gesehen aus seiner Sicht. Ich hörte später, daß er die Musik für alle fünf Platten in nur zwei Tagen aufgenommen hatte. Und daß ihm John Carpenter, sein Manager und Produzent, nicht einen Pfennig für die Aufnahme bezahlt hat. Daß sie veröffentlicht wurden, soll Chet Baker erst mitbekommen haben, als die Platten schon in den Geschäften waren. Ich bekam meinen ersten, kleinen Eindruck über Methoden des music business in den Staaten. Nur in den Staaten?

Im Text zu einer dieser *Prestige*-Platten wird seine US-Heimkehr gefeiert. Seine stärker gewordene Ausdruckskraft. Zu der Zeit, als der Begleittext für die Platte geschrieben wurde, steht der Trompeter erneut vor einem Gericht in den USA wegen Verstoßes gegen die Drogengesetze. Von einer Verfolgung des Managers, der ihm seine Musik gestohlen hat, habe ich nichts gelesen.

Einige Journalisten und Kritiker beklagten oft die Unzuverlässigkeit von Chet Baker. Er würde nicht pünktlich zu den Konzerten erscheinen. Manchmal gar nicht. Diese Leute sitzen beim Schreiben in warmen Sesseln. Sie erheben sich aber kritisch über einen Mann, der tagein, tagaus, Jahr für Jahr durch die Weltgeschichte gereist ist, um sich und seine Musik zu verkaufen. Was ist ein geplatztes Konzert gegen Betrügereien gewissenloser Manager und Produzenten? Wenn aber ein Musiker am Rande des Zusammenbruchs einmal nicht mehr kann, ist die Empörung groß und die öffentliche Resonanz entsprechend.

In der zweiten Hälfte der 60er wird es still um Chet Baker. Auch um die Platten, die noch neu in jener Zeit erscheinen, hätte es besser still bleiben sollen. Als Solist vor einer Mariachi-Band im Herb-Alpert-Stil. Oder: »Michelle« – Beatles-Songs, gespielt von Chet Baker und Bud Shank. »Chet, Blood, And Tears« hieß eine andere Platte aus jener Zeit. Ja, ich habe geweint. Ich wußte nichts von seinem Leben in dieser Zeit. Aber ich hörte es der Musik an, daß es dunkel um meinen Prinzen geworden ist.

Das Licht leuchtete nur aus der Vergangenheit in das Jetzt. Seine sanfte Trompeten-Stimme, wie sie in den Aufnahmen mit Gerry Mulligan klang, zu Beginn der 50er Jahre. »My Funny Valentine«. Fast gar keine Improvisation von Chet. Er spielt einfach nur das Thema. Aber wie er es spielt. Mit welchem Ton. Wie er die Noten haucht. Lang anhält – mit ganz leichtem, nur angedeutetem Vibrato. Oder seine Aufnahmen mit Russ Freeman. »Look For The Silver Lining.« Ich habe den Silberstreif gesehen. Und ich bin ihm überall hin gefolgt. Geführt, getragen von einer Trompete, die wie ein Zauberstab unsere Welt, seine und meine, veränderte, silbern machte. Das war die Welt, in der ich lebte und träumte. Seine Welt sah anders aus. Nach den kommerziellen Platten mit der Mariachi-Band schien er für den Jazz verloren zu sein. Die Dämonen der Drogen, die Gesetze der Gesellschaft hatten über seine Kraft, sein Talent gesiegt.

Chet Baker war fast nur noch eine Erinnerung. Ein Trompeter, der 1966 von fünf Burschen überfallen wurde und dem dabei alle Vorderzähne ausgeschlagen wurden. Später hieß es immer wieder, der Überfall sei im Jahr 1968 gewesen. Chet Bakers Frau, Carol, erinnert sich aber noch genau an das Unglück: Es war in der gleichen Woche, in der sie Chets einzige Tochter, Melissa, zur Welt brachte, im Juli 1966. Die Schlägerei im Fillmore-District von San Francisco schien das endgültige Aus zu sein. Chet spielte zu der Zeit im Trident in Sausalito an der Bay. Jeden Tag ging er in ein Hotel im Fillmore-District, um Stoff zu kaufen. Er selber erzählt, die Typen wollten sein Drogengeld. Andere wiederum behaupten, jemand wollte dem zu stolzen Chet Baker eine Lektion erteilen. Und wie kann man einen Trompeter mehr »bestrafen«, als ihm seine Lippen, seine Zähne zu zerschlagen?

Wie auch immer – es war eine persönliche Katastrophe: Chet Baker konnte nicht mehr spielen. Aber er hat an sich gearbeitet. Wollte, mußte sich beweisen, daß es möglich ist, auch mit falschen Zähnen zu spielen. Er versuchte es. Mit Tränen in den Augen, weil er kaum einen Ton herausbrachte, wie sich Carol Baker erinnert. Zwei Tage lang hat der verzweifelte Mann sich abgemüht, um wieder Trompete spielen zu lernen. Carol machte ihm Mut. Ging mit ihm in Cafés und Bars außerhalb der Stadt, wo drittklassige Bands auftraten. Chet Baker setzte sich immer in die dunkelsten und hintersten Ecken. Er schämte sich und hoffte zugleich, daß ihn jemand von den Musikern erkennen und zum Mitspielen auffordern würde. »I have no chops«, ich habe keinen Ansatz, entschuldigte er dann schon von vornherein sein schlechtes Spiel, war aber froh, endlich wieder mit anderen zusammen Musik zu machen. Nicht immer erkannte ihn jemand in diesen Bars. Manchmal interessierte sich kein Mensch für den schmalen, schüchternen Mann, dessen Musik immer noch auf der ganzen Welt gehört wurde. An solchen Tagen schlich sich der Trompeten-Held von einst wie ein Geschlagener davon.

Chet Baker war weg von der Bildfläche. 1970 stand er erneut in Los Angeles vor Gericht. Der Richter hätte ihm fünf Jahre geben können – so wie sie der arme Art Pepper wegen ähnlicher »Delikte« zweimal bekommen hat. Aber Chet hatte Glück. Der Richter ließ ihn gehen. Chet Baker ging nach San José, California, wo seine Mutter lebte. Der einstmals berühmte »Young man with the horn«, dem Tausende zu Füßen lagen, war mit seiner Frau Carol und den drei Kindern auf Unterstützung durch die Wohlfahrt angewiesen. Er arbeitete auf einer Tankstelle, tankte Autos auf und wusch sie. Chet Baker war im Dunkel verschwunden. Aus diesem Dunkel gab es keine Nachrichten, auch keine reißerischen Berichte mehr über einen gefährdeten Star. Ein Stern war erloschen.

Ganz unten angekommen, entscheidet sich Chet Baker anfangs der 70er, »almost too late«, die Heroinsucht zu bekämpfen. Er beginnt mit dem Methadon-Programm, bekommt unter ärztlicher Aufsicht seine tägliche Dosis der legalen Ersatzdroge. Aber immer noch ist er weit davon entfernt, neue Erfolge als Musiker zu feiern oder seine Familie ernähren zu können. Der amerikanische Entertainer Steve Allen, in dessen TV-Show Chet einmal aufgetreten ist, leiht im Geld. Anstatt es zurückzuzahlen, soll Chet Baker eine Platte mit Titeln aufnehmen, die Steve Allen geschrieben hat. So entsteht die LP »Albert's House«, aufgenommen 1973. Es ist nicht nur die schlechteste Platte, die Chet je gemacht hat, sie dokumentiert die pure Verzweiflung. Sein berühmter Ton ist brüchig. Ansatzprobleme verhindern jeden musikalischen Ausdruck. Seine Ideen sind nur noch Fragmente. Chet hat die Aufnahmen allein gemacht. Overdub. Die Begleit-Band war einen Tag vorher im Studio. Steve Allens Stücke sind nur in Tonarten für Klavier aufgeschrieben. Ein Desaster für den Trompeter mit Ansatzproblemen, der zudem schlecht vom Blatt spielen kann und jetzt auch noch transponieren muß: Alles einen Ton höher spielen, als es notiert ist. »Albert's House« ist ein Schreckenshaus. Hätte diese Platte je veröffentlicht werden dürfen? Man erniedrigte einen Menschen, stellte ihn bloß, nur weil mit einem immer noch bekannten Namen auf dem Platten-Cover vielleicht noch ein paar schnelle Dollars zu machen gewesen sind.

Sehr viel später, 1988, bin ich einmal auf Chet Bakers Spuren an der Westküste gewesen. Los Angeles, San Francisco. War für mich so etwas wie eine Hochzeitsreise. In New York haben meine Freundin Heike und ich geheiratet. Auch auf dieser Reise mußte sie Geduld mit mir haben, weil ich überall nach Plattenläden und Jazz Clubs gesucht habe. Und nach den Orten, von denen ich wußte, daß Chet Baker dort gelebt oder gearbeitet hat. Damals fuhren wir von San Francisco mit dem *Greyhound* nach San José. Ich wollte eine Vorstellung bekommen von der Stadt, in der Chet Baker seine vielleicht dunkelste Zeit verbracht hatte. Wir kamen nachmittags an einem Sonnabend im Juli an. Brütende Hitze. Die Stadt erschien mir wie ausgestorben. Ich fragte einen Mann, der auf einer Parkbank vor sich hin döste, nach dem Zentrum. »You're right in«, war die genuschelte Antwort. Später sah ich, wie zwei berittene Officers der San José Police eine Gruppe Mexikaner filzte und festnahm. Wahrscheinlich eine Rauschgift-Razzia. Wie die Polizisten mit den Mexikanern umgingen, das sah aus, als hätten zwei kleine John Waynes einen Live-Auftritt. Ich hatte sofort Parallelen zu Chet Bakers Leben im Kopf. Ging es bei seinen Verhaftungen in Kalifornien ähnlich rüde und brutal ab?

Zurück in die frühen 70er. Ich wohnte in Düsseldorf. War das erste Mal verheiratet, hatte eine Tochter. Ich arbeitete viel in Bonn für die SPD. Wahlkämpfe, Parteienwerbung. Schrieb mit an Reden. 1972 war ich dabei, als Willy Brandt nach einem triumphalen Wahlsieg über Rainer Barzel zum zweiten Mal Bundeskanzler wurde. Chet Baker? Das war wie ein Traum aus einer anderen Zeit. Doch immer wieder wurde diese Zeit lebendig, wenn ich in langen Nächten seine Platten hörte. Er selbst blieb für mich verschwunden. Ein Abschnitt meines Lebens schien endgültig vorbei zu sein. Jugendträume?

Aber ich bin oft in ein Plattengeschäft in der Düsseldorfer Altstadt gegangen. Vielleicht gibt es ja doch wieder ein neues Zeichen von Chet? Dieses Geschäft hatte in den 70ern ein wirklich großes Angebot an Jazz-Platten. Eine Seltenheit. Die Jazz-Abteilung wurde von einem bärtigen jungen Mann geführt, der meist recht finster dreinschaute. Doch er konnte richtig freundlich werden, wenn man ihn ansprach. Er war ein kundiger Mann, der sein Plattenangebot immer aktuell hielt und mehr und mehr erweiterte. Später wurde die Auswahl dünner. Irgendwann dann standen da Kühlschränke und Waschmaschinen zum Verkauf, wo es vorher Platten gab. Der bärtige Mann verschwand, und kurz darauf machte der ganze Laden dicht. Heute ist in den Räumen eine Jeans-Boutique. Auch das ist so eine kleine Geschichte des Jazz. Aber in den 70ern gab es dort noch das große Plattenangebot. Und endlich auch wieder ein Zeichen von Chet Baker.

Chet lebt. Denn plötzlich standen zwei brandneue Platten in dem Laden in der Düsseldorfer Altstadt: »Gerry Mulligan/Chet Baker – Carnegie Hall Concert, Volume I und II«. Als ich sie entdeckte, in die Hand nahm, bekam ich das gleiche Herzklopfen wie damals bei Francis. Bote & Bock,

Berlin. Erst die Platten anfassen, lesen, die Bilder ansehen. Ich bekomme einen Schreck, als ich das Bild auf der Rückseite sehe. Chet steht auf der Bühne im Scheinwerferlicht. Die Trompete hält er in seiner rechten Hand. Sie hängt an seinem schmalen Körper herunter. Das Gesicht ist eingefallen. Hager. Die langen Haare fettig nach hinten gekämmt. Die Augen in tiefen Höhlen, sie schauen nach irgendwo in die Ferne. Und um seinen Mund spielt ein entrücktes, fast unheimliches Grinsen. Er sieht aus wie ein Auferstandener. Es geht Kraft von diesem Mann aus. Aber eine Kraft, die nicht körperlich, sondern spirituell ist.

Die Musik bestätigt das Bild. Gerry sagt den Song an: »Don't change a hair for me. Not if you care for me. Stay little, funny Valentine. Stay.« Beifall kommt auf. Der Baß setzt ein. Das berühmte Intro. Und dann die Trompete. Die ersten Töne der so oft gehörten Melodie auf den Platten aus den 50ern. Und die alte Magie ist wieder da. Jetzt und hier. November 1974.

Chet Baker spielt »My Funny Valentine«. Er beschwört die Valentine. Betört sie. Bekommt sie. »Stay little Valentine.« Er verliert sie. Die Geschichte seines Lebens erzählt in der Carnegie Hall. Aufgenommen und in Vinyl gepreßt. Wunderbare 8 Minuten, 38 Sekunden. Die längste und schönste Valentine, die ich bis dahin gehört hatte. Chet spielt das Thema, Gerry Mulligan nimmt es auf, umspielt die Melodie, dann der Pianist Bob James, John Scofield auf der Gitarre – aber sie alle scheinen nur hinzuführen, überzuleiten, bis der Trompeten-Prinz wieder auf der Brücke des Themas erscheint. Es ist Chets Valentine. Er lebt und er spielt wieder. Spielt Jazz. Seinen Jazz. Lyrisch, melodisch, sehnsuchtsvoll. Bittersweet.

Mit diesen Platten hatte Chet Baker 1974 das, was man

ein Comeback nennt. Sicher war es die Idee eines cleveren Produzenten, Creed Taylor, den Wiederauferstandenen an die Seite seines Partners aus glorreicher Vergangenheit zu stellen. Denn die alten Platten des Gerry Mulligan/Chet Baker Quartet aus den frühen 50ern waren Klassiker und verkauften sich noch immer gut. Im Gegensatz zu Chet Baker hatte es bei Gerry Mulligan keinen Karriereknick gegeben. Er war berühmter. Vielleicht auch geschickter? Dem Produzenten jedenfalls war er der nähere. Denn obwohl Chet Baker einen Plattenvertrag mit Creed Taylors Company CTI hatte, flossen die Tantiemen aus den Plattenverkäufen dieser beiden Carnegie-Hall-LPs an Gerry Mulligan. Und nicht an Chet Baker: »I never got a penny.« Er hatte auch Jahre nach dem Erscheinen der Platten nicht die geringste Ahnung, wieviel davon verkauft worden waren. Sicherlich nicht zu vergleichen mit den Stückzahlen aus der Pop-Szene – aber für die kleine Jazz-Welt bestimmt eine beachtliche Anzahl. Gerry Mulligan und Chet Baker, das war und ist eine Kombination mit Glanz, die sich gut verkauft.

Der harmonischen Musik, die sie machen, ist die Spannung zwischen beiden Männern nicht anzuhören. Eine Spannung, die schon 1952 hinter der Bühne im The Haig, Wilshire Boulevard, Los Angeles, zum Ausbruch kam. Chet erzählt, daß Gerry ihm zu nervös gewesen sei. »Er ist so nervös, er macht auch mich nervös.« Und Gerry sagte einmal auf die Frage, ob er nicht nach dem neuen Erfolg in der Carnegie Hall die Partnerschaft fortsetzen wolle: »Ich gehe Chet lieber aus dem Weg. Er erinnert mich an Vergänglichkeit und Tod. Das zieht mich runter.« Trotz alledem: Sie machten eine wunderbare Musik zusammen. Und beide sahen das auch so. Jeder hatte vor dem anderen als Musiker großen Respekt. Gerry über Chet Baker: »Er ist der ideenreichste und inspirierteste Trompeter, mit dem ich je gespielt habe.« Chet über

Gerry Mulligan: »Er ist ein großartiger Komponist. Schreibt wunderbare Stücke. Wir haben uns musikalisch blind verstanden.«

Jede Aufnahme von Chet Baker und Gerry Mulligan zeigt ihre musikalische Übereinstimmung. Das fängt an bei den ganz frühen Studio-Sessions, die geprägt sind von jugendlichem Pioniergeist, dann die erste »Reunion«-Platte von 1957 und zuletzt Chets Comeback mit Gerry in der Carnegie Hall, 1974. Ich mag die frühen Live-Aufnahmen aus dem Haig neben denen aus der Carnegie Hall am meisten. Sie kommen mir spontaner vor, musikalischer als die frühen Studioaufnahmen. Aber natürlich markieren gerade sie den Aufbruch, den Start. Sie dokumentieren die Musik, mit der Chet Baker berühmt geworden ist. 1952 nimmt er mit Gerry »My Funny Valentine« auf. 1953 ist er der New Star der Trompete. 1954 Sieger im Downbeat Jazz Poll vor Dizzy Gillespie, Miles Davis und Clifford Brown. Chet wird den Ruhm der frühen Jahre, er war zu der Zeit 24 Jahre alt, genossen haben. Ob er aber den »Trompeter Nr. 1« geglaubt hat? Sehr viel später, Mitte der 70er Jahre, sagt er, daß er zehnmal besser spielen würde als damals. Aber jetzt wird er nicht mal mehr auf der Liste der Trompeter genannt.

Eine Platte, die etwa zu der gleichen Zeit erscheint wie die Carnegie-Hall-Aufnahmen, war »She Was Too Good To Me«. Auf der Innenseite ein Foto: zerfurchtes Gesicht. Große, fragende Augen. Es ist ein schönes, zutiefst menschliches Gesicht. Die Musik auf der Platte ist perfekt. Gut produziert. Mit strahlenden Improvisationen von Chet. Das Titelstück »She Was Too Good To Me« ist eine gesungene Ballade, in der sich die ganze, wundervolle Chet-Baker-Welt eröffnet. »I was a king to her ...« Gerade diese Zeile des Songs am Schluß hat mich betroffen und geradezu süchtig gemacht. Ich sollte sie später noch oft live von Chet hören.

Und jedesmal klopfte mein Herz schneller, bekam ich eine Gänsehaut.

1976 las ich im *Jazz-Podium*: Chet Baker war in Frankfurt. War. Warum wußte ich das nicht vorher? Mein King war hier. Nur zweihundert Kilometer entfernt von mir. Zu dem Artikel ein Foto: Chet in einem hellen Sweatshirt, sitzt auf seinem Koffer, spielt Trompete. Neben ihm Jacques Pelzer, der belgische Flötist und Alt-Saxophonist. Der Auftritt war im Sinkkasten. Der Bericht ist voll des Lobes. Mein Gott, vor elf Jahren hatte ich Chet zum letzten Mal gesehen. Und jetzt, jetzt war er hier in Frankfurt. Ich Ahnungsloser. Ich rief den Verfasser des Artikels an. Wenn ich schon nicht da war, mußte ich wenigstens mit jemanden sprechen, der ihn gesehen hatte. Er erzählte, daß Chet auch bei ihm zu Hause gewesen sei . . . Da hätte er ein Buch gesehen mit einer Illustration: eine Trompete, die zu einer Spritze wird. Titel der Zeichnung: Chet Baker. Chet fand diese Zeichnung überhaupt nicht komisch.

Dann kam die Horrormeldung, die im selben Jahr durch die Boulevardpresse ging: »Jazz-Star Chet Baker in Burghausen verhaftet.« Chet wollte dort auf dem Festival spielen. Ging es schon wieder los? Die Jagd auf einen Mann, der nichts anderes tat, als seinen eigenen Weg zu suchen, um in dieser Welt zu bestehen. Er kommt nach Zahlung einer Geldstrafe frei. Dabei geht alles Geld drauf, daß er zu der Zeit hat. Der Grund für seine Verhaftung liegt in den Vorgängen von damals, 1964 in Berlin. Chet Baker wurde in die USA deportiert und bekam ein Aufenthaltsverbot für die Bundesrepublik. Die Behörden erhielten einen anonymen Wink – die Polizei vollstreckte. Das Aufenthaltsverbot wäre aufgehoben worden – auf Antrag. Aber Herr Baker hatte ja vor der Einreise in die Bundesrepublik keinen Antrag auf Aufhebung gestellt. Chets Kommentar: »Ich weiß eben nur, wie man Trompete spielt.« Nach seiner Entlassung aus der Polizeihaft geht er wieder zurück nach Italien.

Ich sitze zu Hause und höre im Radio die Sendung *Jazz-Platte des Monats.* Komme einfach rein in die Sendung. Höre die Ansage nicht. Aber ich kenne das Stück, das gerade läuft. Miles Davis hat es einmal gespielt auf seinen »Sketches Of Spain«. Ich erkenne den Alt-Saxophonisten. Das kann nur Paul Desmond sein. Ich liebe Paul Desmond. Ich mochte weniger das Dave Brubeck Quartet, dessen Solist er so lange Jahre gewesen ist – aber ich habe Paul Desmond immer bewundert. Und ich erkenne den Gitarristen. Es ist Jim Hall. Mein absoluter Favorit auf der Gitarre. Ich höre den Trompeter. Und ich kann es kaum fassen. Er spielt wunderschön. Ergreifend. Das muß er sein. Das kann nur Chet sein. Mir wird heiß. Jim Hall. Paul Desmond. Chet Baker. Ist es Wirklichkeit? Diese drei zusammen waren immer mein Traum gewesen. Sie hatten nie zusammen gespielt, aber ich habe mich oft gefragt, mit wem ich Chet einmal am liebsten hören würde. Und immer habe ich mir Paul Desmond und Jim Hall gewünscht. Beides Melodiker, wie Chet. Beides Lyriker, wie Chet. Ist dieser Traum wahr geworden?

Der Sprecher im Radio machte alles klar: »Das Titelstück unserer Platte des Monats: ›Concierto De Aranjuez‹ gespielt von Jim Hall, Gitarre; Paul Desmond, Alt-Saxophon; Chet Baker, Trompete; Roland Hanna, Piano; Ron Carter, Baß, und Steve Gadd, Schlagzeug. Aufgenommen im April 1975 in New York.« Gehört von mir irgendwann 1975/76. Gehört von einem Süchtigen. Einem Chet-Baker-Süchtigen. Und die Musik auf dieser Platte, das waren die Träume, die ich suchte.

Concierto . . . Concierto . . . Concierto . . . Wieder und wieder. Ich fiebere jedem Ton von Chet entgegen. Schwebe hoch mit ihm. Sinke. Falle. Tief, tief. Werde wieder empor gehoben. Gleite ins Ungewisse. Ahne das Leuchten. Das Licht. Sterne zum Greifen nah. Aber ich kann sie nicht fassen. Wolken schieben sich davor. Weiche Wolken. Blaue Wolken. Hüllen mich ein. Sehnsucht. Die Wolken streicheln mich. Ich erwache. Roland Hanna übernimmt. Fängt mich auf. Sanfte Rückführung. Rückführung aus einer anderen Welt, der Welt Chet Bakers. Concierto.

Bevor ich diese Platte im Radio gehört hatte, habe ich sie schon einmal in der Hand gehabt. Ahnungslos. Stehe im Plattenladen. Ziehe die blaue Platte heraus. Oben steht in weißen Lettern »Jim Hall Concierto«. Die Platte ist in Plastik eingeschweißt. Unten, unter dem Plastik, klebt ein großes Label: der Preis und das Zeichen der Platten-Vertriebs-Organisation. Dieses Label überdeckt die Namen der anderen Musiker. Ignorant stelle ich die Platte wieder zurück. Später vielleicht. So erging es mir oft in Plattenläden bei der Suche, irgend etwas Neues von Chet Baker zu finden. Wenn es das nicht gab: Ratlosigkeit. Soll ich etwas anderes nehmen? Vielleicht Jim Hall? Oder die hier von den Messengers? Oder wie hieß die noch mal, von der ich kürzlich gelesen hatte? Weiß nicht mehr. Noch mal bei »B« nachschauen. Vielleicht doch was übersehen von Chet? Nein, nichts übersehen. Frust. Also doch die von Jim Hall? Mal sehen.

Nachdem mir die Radiosendung Augen und Ohren geöffnet hat, gleich hin am nächsten Morgen. Das ist an diesem Morgen das Wichtigste. Standen da eigentlich mehrere Platten von Concierto? Nein, ich glaube nur die eine. Wenn die jetzt weg ist? Da drüben ist der Plattentisch mit den Jazz-Platten. Hin zu »H«. Edmond Hall, Jim Hall. Da ist sie.

Meine Platte. Concierto. Ich hab' sie. Draußen vor der Tür mit dem Daumen die Plastikfolie aufgerissen. Die Plattentasche aufgeschlagen. Links eine Zeichnung von Jim Hall. Rechts ein Text vom Jazz-Papst Leonard Feather. Überflogen. Steht was über Chet drin? Da: »Chet, in particular, offers one of the most definitive statements of his melodic direction than in any other time in his recording career, which began almost a quarter of a century ago.« Amen, Leonard. You 're right.

Bald darauf dann eine neue von Chet Baker, unter seinem Namen: »You Can't Go Home Again.« Mit einem vollbärtigen Chet auf dem Cover, der aus großen Augen fragend, fast ängstlich schaut. Paul Desmond ist auch auf dieser Platte wieder dabei. Und doch ist sie ganz anders als das Concierto-Album. Mike Brecker spielt Tenor und dazu eine Gruppe im Big-Band-Sound, elektronisch aufbereitet. Viel Arrangements. Modisch Jazz-Rock-inspiriert. Lange Solo-Parts. Don Sebesky hat die Charts geschrieben. Chet sagte dazu: »Ich hatte keine Ahnung vor der Aufnahme, welche Stücke wir spielen werden. Aber ich hatte Vertrauen zu Don. Er hat einen guten, musikalischen Geschmack. Vielleicht ist die Musik etwas überarrangiert. Doch letztlich kommt es auf den Zuhörer an, ob er es mag oder nicht.«

Mein Stück auf dieser Platte ist »You Can't Go Home Again«. Von Don Sebesky für Chet Baker. Ihm auf die Trompete geschrieben. Melodisch, zart, wehmütig. Es führt kein Weg zurück, Chet. Ich spüre, daß er diesen Song liebt. Bedeutet ihm auch der Titel etwas? Chet Baker sagte dazu einmal lächelnd: »Zurück nach Hause, das hat ja verschiedene Bedeutungen. Aber ich will nicht wirklich ›nach Haus‹ zurück. Schon gar nicht nach Oklahoma, wo die Typen Hillybilly hören und sich Abend für Abend die Köpfe mit Bier vollknallen. Ich mag es, in der Welt herumzureisen, Neues zu sehen, neue

Menschen kennenzulernen. Aber ›You Can't Go Home Again‹ ist ein wundervolles Stück.«

Von ganz anderer Stimmung dagegen ist »Love For Sale«. Als Jazz-Rock-Nummer arrangiert, mit wummerndem Elektro-Baß. Mir fremd beim ersten Hören. Ohne Chet wäre das nicht meine Musik. Aber ich werde später noch öfter dieses »Love For Sale« hören. Seit der Plattenaufnahme spielt er auf seinen Konzerten immer wieder das rockige Don-Sebesky-Arrangement.

Die neuen Platten waren Lebenszeichen. Der echte Live-Chorus begann 1978. Ich sah eine Anzeige im *Jazz-Podium.* Schlagzeile: »Chet Baker – ein Großer kehrt zurück.« Für mich war er nie weg gewesen. Immer präsent geblieben. Aber es war eine Präsenz der Erinnerung. Vierzehn Jahre nach der Nacht im Berliner Note wurde Chet Baker wieder lebendige, persönliche Gegenwart. Bei seinem zweiten Besuch in Deutschland nach dem Comeback machte er eine große Tournee mit eigener Gruppe. Chet: »It is my American Quartet.« Unmittelbar vorher hatten sie im Village Vanguard in New York gespielt. Chet mit Phil Markowitz, dem Pianisten, und Jeff Brillinger, dem Schlagzeuger. Nur sein Bassist, John Burr, war in den USA geblieben. Er hatte es vorgezogen, einem Ruf von Stan Getz zu folgen und in dessen Band zu spielen, statt mit Chet auf Europatournee zu gehen. So brachte er den jungen New Yorker Bassisten Scott Lee mit. Das erste Mal sah ich Chet auf dieser Tournee, Herbst/Winter 1978, in Dortmund. Auftritt im Jazz-Club Domizil. Ich machte mich früh auf den Weg, um ja rechtzeitig da zu sein und einen guten Platz zu bekommen.

Unterwegs dachte ich an Berlin zurück. Wie ich die Uhlandstraße lang ging zum Blue Note. Wie ich mit Chet auf der

Straße stand. Und nachher frierend auf den Nachtbus wartete. Jetzt wohnte ich bei Düsseldorf und fuhr mit dem Auto nach Dortmund. Seltsam, mein Auto damals war fast das gleiche, wie es Chet Baker zehn Jahre später fahren sollte. Eine Alfa Romeo Giulietta. Es war mein erster Alfa und Chets letztes Auto.

Seit Berlin hatte sich viel verändert für mich. Aber unterwegs auf der Fahrt war ich genauso aufgeregt. Vorfreude auf Chet Baker. Und doch: Nach all den Jahren hatte es etwas Unwirkliches. Tief drinnen glaubte ich gar nicht, daß mein Held jetzt in Dortmund in diesem Jazz-Club sein wird. Mit der Zeit hatte sich die Person Chet Baker fast entpersonalisiert. War zum Traum einer zarten Trompete und weichen Stimme geworden. Der Stoff zu diesen Träumen, der kam nur aus den schwarzen Rillen der Schallplatten. Daß hinter der Musik ein Mensch aus Fleisch und Blut stand, das wußte ich, aber ich sah es nicht mehr. Wenn ich mir sein Bild in die Erinnerung zurückholte, dann waren es die Szenen aus Berlin. Vergangenheit.

Ich kenne mich nicht aus in Dortmund. Bin noch nie vorher im Domizil gewesen. Aber wie auch in anderen fremden Städten, finde ich fast instinktiv den Jazz-Club. Als ich die dunkle Straße überqueren wollte, um rüber ins Domizil zu gehen, parkte gerade, gleich rechts neben dem Eingang, ein grauer Citroën CX ein. Italienisches Nummernschild. Ich blieb stehen. Die Fahrertür öffnete sich. Ein schmaler Mann stieg aus. Langsam – als ob ihm das Aussteigen schwerfallen würde. Der Mann trug eine große, schwarze Lederjacke. Er hatte lange, nach hinten gekämmte Haare, die ihm im Nakken auf den Kragen fielen. Jetzt stand der Mann vor der offenen Wagentür, drehte sich etwas zur Seite, so daß das Licht der Straßenlaterne auf sein Gesicht fiel. Chet Baker. Ich habe sein Profil nur kurz in dem fahlen Licht sehen können, aber ich habe es in Bruchteilen von Sekunden erkannt. Die kleine, spitze Nase und den ausgeprägten Unterkiefer mit dem markanten Kinn.

Jetzt legte Chet beide Arme auf die immer noch offene Autotür und ließ den Kopf schwer auf seine Arme fallen. So, als sei er sehr, sehr müde und müßte sich ausruhen. Währenddessen kletterte ein junger, rötlich-blonder Mann mit einem dünnen Vollbart auf der anderen Seite aus dem Auto. Er reckte sich und ging um den Wagen herum zu Chet, legte ihm seine Hand fast streichelnd auf die Schulter. Chet blieb noch für Sekunden regungslos stehen – mit dem Kopf auf seinen Armen. Endlich hob er den Kopf, ging einen Schritt von der Tür zurück, warf sie ins Schloß. Öffnete die hintere Wagentür und holte vom Rücksitz einen Trompetenkoffer. Den Koffer an einem Griff am kurzen Ende tragend, ging er nun mit schleppendem Gang hinter dem bärtigen, jungen Mann her in Richtung Domizil. Dabei zog er eine Schulter hoch, hielt den Trompetenkoffer weit über den Boden – als hätte er Angst, der Koffer könnte irgendwo anstoßen. Kurz vor der Treppe sah sich der junge Mann aufmunternd nach Chet um. Chet schien sich plötzlich zu beeilen und sprang fast die Außentreppe zum Jazz-Club runter.

Ganz langsam ging ich hinterher. Es war kein Traum. Wirklich und leibhaftig ist da eben Chet Baker vor mir die Treppen runtergegangen. Er wird also nicht nur in den schwarzen Rillen der Schallplatten lebendig. Gleich werde ich ihn sehen und hören. Und in der Sekunde, wenn er seine Trompete bläst, wird er genau den Ton spielen, den ich gerade höre. Kein Traum, sondern Wirklichkeit.

Der Club war noch ziemlich leer. Er sah ein bißchen nach Freizeitheim aus. Chet stand an der Bar und bestellte sich was. Die Bar war von oben beleuchtet. In dem Licht sah sein

Gesicht noch hagerer, eingefallener aus. Sein Mund war schmal. Sein Kopf wirkte klein, fast zusammengeschrumpft. Die große Lederjacke hing lose um seinen Oberkörper.

Das Domizil hatte keine Bühne. Zu ebener Erde, etwas seitlich, war ein Schlagzeug aufgebaut, stand ein Klavier und lag ein Baß. Etwa in der Mitte ein leerer Stuhl mit einem Mikrofon davor. Ich setzte mich direkt an den ersten Tisch. Bin gerade rechtzeitig gekommen. Denn der Raum wurde jetzt sehr schnell voll. Chet Baker und seine drei Musiker drängten sich durch zum Bandstand. Der bärtige junge Mann setzte sich auf den Klavierhocker. Das war also Phil Markowitz. Der Drummer richtete sein Set. Der Bassist strich mit dem Bogen über die Saiten, stimmte sein Instrument. Chet setzte sich auf den leeren Stuhl, seine Trompete auf dem Schoß, nestelte an dem Mikrofon herum. Er hatte die große, schwarze Lederjacke ausgezogen und saß jetzt da in einem beigenfarbenen Rollkragenpullover. Er sah sehr schmal und zerbrechlich aus. Chet schien von den Leuten, seinem Publikum, überhaupt keine Notiz zu nehmen. Er saß da, als ob er ganz allein wäre. Den Kopf gesenkt, die Augen halb geschlossen, die Trompete hatte er immer noch quer über seinem Schoß liegen.

Phil Markowitz schlug ein paar Akkorde an. Wie erwachend drehte sich Chet kurz seitlich um zu seinem Pianisten, sagte etwas, das ich nicht verstehen konnte. Er schlug das linke Bein über das andere. Stützte sich jetzt mit seinem linken Arm auf dem Bein ab und stemmte die Trompete hoch, als wäre sie zentnerschwer. Er hielt die Trompete dicht vor seinem Mund, während er leise einen Rhythmus vorzählte. »One – two. One – two – three – four.« Beim nächsten Beat spielte er den ersten Ton von »Blue Room«. Mir war der Titel damals ziemlich unbekannt. Aber später habe ich ihn noch sehr, sehr oft gehört. Chet spielte »Blue Room« bei fast jedem Konzert zu der Zeit. Medium-Tempo. Mittlere Lage.

Ich saß da und starrte meinen Helden an. Zwei, drei Meter vor mir saß Chet und spielte. Ich habe es nicht richtig fassen können. Seine Trompete klang hier in dem Club anders als bei mir zu Hause aus den Lautsprechern. Noch luftiger, seidiger. Noch viel, viel schöner. Er blies beim Spielen leicht die Wangen auf. Hatte auch viel Luft hinter den Lippen. An den Schläfen und vorn in der Mitte der Stirn traten blauschimmernd dicke Adern hervor. Nach der Themenvorstellung begann er sein Solo über »Blue Room« mit ganz langen, ganz weichen, tiefen Tönen. Von dem Sound seiner Trompete in der tiefen Lage bebte der Boden. Dieses Beben erfaßte die Fußsohlen und ging als Zittern durch meinen ganzen Körper.

Nach seinem Solo setzte Chet die Trompete ab, senkte dabei seinen Kopf, kippte mit dem ganzen Oberkörper nach vorn. Verharrte in der Stellung. Beifall. Keine Ahnung, ob das die Andeutung einer dankenden Verbeugung war oder ob er einfach fertig gewesen ist. Ich mußte an die Szene auf der Straße denken. Wie er seinen Kopf müde auf die Autotür gelegt hatte. Er spielte zwei Sets an diesem Abend in Dortmund. Erst nach dem letzten Stück des zweiten Sets sagte er etwas zum Publikum. Aber auch nicht mehr als die Namen der Musiker und »Thank you, good night«. Ich glaube, Chet war an diesem Abend, »unserem« ersten nach Berlin, sehr müde. Er verschwand schnell. Ich konnte ihn in dem Gewühl nirgendwo ausmachen. Als ich rausging, war der Platz, wo der graue Citroën mit der italienischen Nummer gestanden hatte, leer.

Ich fuhr wie im Fieber nach Hause. Sein Bild vor Augen. Seine Musik im Kopf. Das Autoradio mußte aus bleiben. Ich konnte jetzt nichts ertragen, was dieses Bild und diese Musik in mir stören könnte. Ich wußte, es wird noch viele Abende geben, wo ich ihn sehen werde. Aber ich hatte schon jetzt

Sorge vor der Zeit, wo er wieder für mich unerreichbar werden würde auf seinem Trip durch die Welt. Von Stadt zu Stadt. Land zu Land. Von Deutschland nach Italien. Von da nach Schweden. Holland, Frankreich, USA und wieder Italien. Aber jetzt, jetzt war er hier. In erreichbarer Nähe.

Ein paar Tage später fahre ich nach Ludwigsburg bei Stuttgart. Chet sehen. Und dort habe ich ihn auch gesprochen. Das erste Mal wieder – seit der Nacht in Berlin. Diesmal zur Konzertpause in der Musikergarderobe. Aber diesmal wird das Gespräch zu einem Desaster für mich. Wir sprechen über seine neue Platte »You Can't Go Home Again«. Insbesondere über das rockige »Love For Sale«. Ich höre mich sagen, daß es mir zu modisch sei, zu sehr arrangiert. Chet reagiert sauer. Ich erschrecke. Um Himmels willen, ich will Chet nicht verletzen. Weiß nicht, was ich tun soll. Komme mir unendlich dumm vor. Da passiert es auch schon. Chet wendet sich ab, murmelt, daß er Kopfschmerzen habe und jetzt allein sein möchte.

Ich bin wie gelähmt. Gehe raus aus der Garderobe, zurück in den Konzertsaal. Setze mich wieder auf meinen Platz ganz vorn an der Bühne und warte darauf, daß die Pause vorbeigeht und daß die Musik mich aus meiner Erstarrung lösen wird. Neben mir sitzen zwei junge Männer, die sich die Platte »You Can't Go Home Again« anschauen. Sie haben sie draußen im Foyer gekauft. Ich höre, wie der eine zum anderen sagt, daß dieser Baker auf dem Plattenfoto mit dem Bart viel toller aussähe. Da würde er richtig was hermachen. Hier auf der Bühne käme er so klapprig rüber. Ich spüre einen Stich. Es tut mir weh. Ich finde, daß mein Hero wunderbar aussieht.

Chet und die Musiker kommen wieder auf die Bühne. Der Pianist Phil Markowitz, der Bassist Scott Lee und der

Schlagzeuger Jeff Brillinger. Chet setzt sich vorn auf seinen Stuhl. Schaut sich genervt um. Wendet sich nach hinten zu dem Schlagzeuger. Ruft ihm etwas zu. Chet hat seine Trompete in der Garderobe vergessen. Hat er keine Lust mehr zu spielen? Deshalb ganz unbewußt die Trompete liegenlassen? Der Schlagzeuger geht von der Bühne, kommt mit der Trompete zurück, gibt sie Chet. Er zählt jetzt den Rhythmus vor. Schon an der Art, wie er den Rhythmus vorgibt, mit eindringlichen Gesten zum Bassisten, weiß ich, welches Stück sie jetzt spielen werden. Der Baß setzt ein: Das wummernde Rock-Intro. Chet bläst ein lang angehaltenes C: Den ersten Ton von »Love For Sale«. Er spielt sein Solo. Mit weit ausholenden, melodischen Bögen, ziseliert in schnelle, rockigrhythmische Achtel. Großartig, Chet. Wie konnte ich nur so dumm sein und ebendiese Musik »kritisieren«? Er war so stolz auf den neuen Erfolg, den er mit seiner Jazz-Rock-Nummer hatte.

Dabei fing alles gut an an diesem Abend. Es war der 9. Dezember 1978. Wegen dieses Konzerts bin ich rund vierhundert Kilometer von Düsseldorf nach Ludwigsburg gefahren. Auf den Straßen war Glatteis. Aber ich kam an. Hatte vor dem Konzert noch etwas Zeit zum Essen. Ging in ein Restaurant. Plötzlich kommen Chet, seine Musiker und noch ein paar Typen rein. Sie bestellen auch etwas zum Essen. Ich bin total aufgeregt und aufgedreht. Chet in persona. Und privat sozusagen.

Dann das Konzert. Endlich mal kein winziger Club, wie sonst meistens bei seinen Konzerten. Sondern ein großer, moderner Konzertsaal. Voll besetzt. Ausgezeichnete Akustik. Gute Sicht von meinem Platz aus. Chet wirkt ausgeruht. Er trägt das beigefarbene Sakko, das er oft in diesen Tagen angehabt hat. Die Gruppe, sein Quartett, ist gut aufeinander eingespielt. Der Schlagzeuger, Jeff Brillinger, ist der richtige

Chet-Baker-Drummer: swingend, musikalisch, unaufdringlich, kann zuhören.

In der Pause nehme ich allen Mut zusammen und gehe zu Chet Baker in die Garderobe. Er ist allein. Wir reden. Er ist ganz cool und entspannt. Mir schlägt das Herz bis an den Hals. Immer wieder schaue ich zu der Trompete, die auf dem kleinen Tisch liegt. Ich frage ihn danach. Er zeigt sie mir. Es ist eine Conn Constellation. »A very big horn. Hard to play, man. But a nice voice. I like the sound.« Ich frage nach seinem Mundstück. Es ist ein Vincent-Bach-Mundstück, 6C. In diesem Moment weiß ich: Ich muß eine Conn Constellation haben. Und ein Vincent-Bach-Mundstück 6C. Ich kann auf keiner Trompete gut spielen. Aber ich muß die gleiche Trompete halten, das gleiche Mundstück spüren, wie Chet.

Ich rede irgend was von Bewunderung und von Glatteis unterwegs und von vierhundert Kilometern Anreise. Chet lacht. Er ruft Phil, den Pianisten. Der schaut ins Zimmer rein. Chet: »Phil, here is the fan we need.« Ich bin unendlich glücklich. Wir sprechen über seine neuen Platten. Phil Markowitz verdrückt sich wieder. Und dann passiert das mit meinem Gerede vom überarrangierten »Love For Sale«. Ich hätte wissen können, daß Chet stolz auf diese Platte ist, wegen der erstklassigen Besetzung, der perfekten Produktion und der professionellen Aufmachung. Vielleicht hat ihm diese Platte das Gefühl gegeben, jetzt wieder oben zu sein, den Durchbruch geschafft zu haben.

Nach dem Konzert gehe ich langsam zum Ausgang. Ich sehe Chet im Foyer sitzen. Er schreibt Autogramme auf »Can't Go Home«-Platten, die ihm Fans unter die Nase halten. Er lächelt und scherzt mit den Leuten. Ich will mich vorbeidrücken. Plötzlich ruft er mich. Ich schrecke auf. Werde rot. Er winkt. Ich gehe hin. Er faßt mich an den Arm. »Thank you for comin'. Have a good trip home. Hope we 'll meet again.« Wieder stehe ich wie gelähmt. Aber diesmal vor Stolz und Freude. Komme mir vor wie der Junge damals in Berlin. Chet Baker hat mich gerufen. Sitzt da und lacht mich an. Steht auf und drückt meinen Arm. Ich werde sein Gesicht in diesem Augenblick nie vergessen. Ich habe ihn selten so entspannt gesehen.

Seine Tournee-Termine bestimmen auch meine Termine im Winter 1978. Ich arbeite »frei«. Und nehme mir die Freiheit für Chet Baker. Ich fahre nach Essen. Festival in der Gruga-Halle. Gruselig groß, kalte Atmosphäre. Ich sitze da, höre irgendeine laute, lärmende Band. Sehe um mich herum lautes, lärmendes Publikum. Mein Gott, hier soll Chet spielen? In diesem Saal? Vor diesen Leuten? Umbaupause. Es stinkt nach Bier und kalten Brötchen mit Mett.

Auf der Bühne wird ein Schlagzeug aufgebaut. Ich kenne es. Es ist Jeff Brillingers Schlagzeug. Hinten sehe ich Chet Baker über die Bühne gehen. Er hat einen Trenchcoat an, trägt seinen Trompetenkoffer, verschwindet hinter einem Vorhang. Gott sei Dank, er ist da. Das Schlagzeug ist aufgebaut. Scott Lee kommt auf die Bühne, legt seinen Baß ab, verschwindet wieder. Leere Bühne. Warten. Erste Pfiffe. Unruhe. Ich habe Sorgen. Bloß keinen Tumult. Wie soll Chet gegen eine grölende Meute anspielen?

Auf der leeren, riesigen Bühne verlieren sich ein Flügel, ein Schlagzeug und ein Baß. In der Mitte ein Mikrofon-Ständer. Der Vorhang teilt sich, Chet und die anderen drei Musiker kommen auf die Bühne. Einfach so. Fast unbemerkt, ohne Ansage. Phil Markowitz und Jeff Brillinger machen sich am Flügel zu schaffen, ziehen die Mikros zurück, die wie Schnorchel in den offenen Flügel hineinlauschen. Was passiert da? Phil und Jeff schieben jetzt gemeinsam den Flügel dichter ans Schlagzeug. Techniker kommen auf die Bühne, richten die Mikros neu ein. Die vier Musiker wollen einfach auf der riesigen Bühne dichter zusammenrücken. Chet steht dabei und sieht nur zu, wie sie den Flügel herumwuchten. Jetzt geht er zu dem Mikroständer, zieht ihn dichter zum Flügel heran, verläßt die Bühne. Aus dem Publikum kommen gellende Pfiffe. Ein paar Brüller: »Anfangen!« Chet kommt wieder. Er trägt einen Stuhl. Stellt den Stuhl ab, setzt sich drauf und zieht das Mikrofon zu sich runter. Das Saallicht geht aus, und Spots tauchen die dicht beieinander sitzenden Musiker in grelles, gleißendes Licht. Chet legt eine Hand schützend über die Augen und ruft etwas nach hinten. Das Bühnenlicht wird gedämpft. Die Pfiffe im Publikum werden lauter. Ich schwitze und habe Angst, daß Chet sauer von der Bühne geht. Die Sekunden kommen mir endlos lang vor. Jetzt nimmt Chet das Mikro, klopft dagegen. Die Lautsprecher knallen. »Testing«, spricht er rein und zählt. Die Lautsprecher dröhnen. Seine helle Stimme hallt knallig durch den Riesensaal. »It's too loud«, brüllt er in das Mikrofon zu der Seite gewandt, wo die Tontechniker sitzen. Schmerzhaftes Pfeifen schrillt aus den Lautsprechern. Chet steht auf. Ganz langsam. Kopfschüttelnd. Legt seine Trompete auf den Stuhl. Geht zu den Technikern und spricht mit ihnen. Die anderen drei Musiker beschäftigen sich mit ihren Instrumenten. Keinen scheint das Pfeifen und Brüllen aus dem Publikum auch nur im geringsten zu interessieren.

Chet setzt sich wieder auf seinen Stuhl. Wieder: »Testing« und Zählen. Diesmal hört es sich menschlich an. Er macht das Mikrofon fest, dreht sich zu Phil Markowitz um, ruft ihm etwas zu, und wieder sehe ich diese typische Bewegung von ihm: Die Beine übereinanderschlagen, die Trompete hochstemmen als wäre sie aus Blei, vornüber gebeugt mit geschlossenen Augen sitzen und auf den Einsatz warten. Phil Markowitz spielt ein Piano-Intro. Helle und behutsame Akkorde. Die Pfiffe schwellen ab. Als Chet Baker die Trompete ansetzt, ist es in dem beängstigend großen, dunklen Saal schon still.

»Stelly By Starlight« in einem ganz langsamen Tempo vorgetragen von Chet. Jeffs Besen schweben nur leicht über die Trommeln und Cymbals. Der Trompeter scheint beim Spielen seinen Tönen nachzulauschen. Während seines Solos verdoppeln sie das Tempo. Aber auch das doppelte Tempo ist noch langsam. Ich vergesse, wo ich bin. Vergesse die Halle, die anderen um mich herum, von denen eben noch viele gepfiffen und gebrüllt haben, tauche ein in die magische Wunderwelt, in die mich der schmale, kleine Prinz mit seiner silbrig-goldenen Trompete entführt. Erst der Beifall nimmt etwas von dem Zauber.

Chet sitzt da in einem roten Rollkragenpullover, die Beine übereinandergeschlagen, und blinzelt lächelnd ins Publikum. Er nestelt das Mikrofon ab. Der nächste Titel ist also eine Gesangsnummer: »She Was Too Good To Me«. Ich bekomme einen Kloß im Hals und warte auf die Stelle »I was a king to her . . .«, die ich so gut von der Platte her kenne. Jetzt singt er sie. Anders als auf der Platte. Aber jedes Wort, das er singt, macht mich betroffen. Berauscht mich. Ich schließe die Augen, lasse mich treiben. Wieder reißt mich der Beifall zurück.

Was für ein Unterschied zu den Bands, die nur mit einer ganzen Wagenladung voll Elektro-Equipment ihre Auftritte bestreiten können. Hier sitzen, eng aneinandergerückt, vier Männer, die allein und im Dialog ihre Geschichten erzählen. Von Liebe. Von Sehnsucht. Von Glück und Trauer. Die Gefühle sind direkt, unmittelbar, echt. Und die Menschen, die diese Geschichten hören, sind betroffen. Verzaubert. Gefangen. Die unwirtliche Gruga-Halle ist plötzlich ein paradiesisches Stückchen Erde geworden. Die Masse, die vorher noch laut, lärmend, fordernd, gesichtslos gewesen ist, hat sich gewandelt zu einer Gruppe Verschworener, die im Rhythmus der Musik atmet und die auf den Melodiebögen schwebt, die Chet ausbreitet.

In solchen Minuten habe ich die Magie ganz hautnah gespürt, die von diesem Mann ausgeht. Daß ich jedem seiner Töne verfallen war, führte ich auf eine besondere Seelenverwandtschaft zurück. Einer Verwandtschaft, die nur ihn und mich betraf. Aber hier spürte ich, erlebte ich mit, wie Menschen in seinen Bann gezogen wurden, die von Chet Baker nicht mehr wußten als seinen Namen. Vielleicht gerade noch, daß er Trompete spielt. Und natürlich das offenbar Unvermeidliche, das auch hier in Essen im Programmheft stand: Die Story von Chet Baker, dem Junkie. Doch alle Neugier war weg in der Stunde, in der Chet spielte. Seine Geschichte und Wünsche auf der Trompete erzählte. Seine Sicht der Welt beschrieb. Eine Welt voller Schönheit und Romantik.

Man will ihn nicht mehr von der Bühne lassen. Der Beifall ist riesig. Fast scheu steht da oben der schmächtige Mann und winkt, ganz vorsichtig, mit seiner großen Trompete ins Publikum. Jeff Brillinger schraubt die Cymbals seines Sets ab. Das Chet-Baker-Konzert in der Gruga-Halle ist vorbei. Das Saallicht geht unerbittlich an. Aber ich sehe die kalte Häßlichkeit jetzt nicht mehr. Wie ich in einer Ecke der Halle stehe, stellt sich ein Mann neben mich. Ich habe ihn noch nie gesehen. Plötzlich sagt er – wie zu sich selbst: »Mensch, war das nicht wunderschön? Ich habe noch nie was von Chet Baker gehört. Aber das war wunderbar.«

Im Düsseldorfer Downtown spielt Chet zwei Tage. Er freut sich riesig darüber. Nicht über das Downtown oder etwa über Düsseldorf. Sondern über zwei Tage in ein- und derselben

Stadt. Er sagt mir, es ist ein bißchen wie zu Hause sein. »Du mußt nicht nach dem Konzert oder am nächsten Morgen gleich wieder los auf die Autobahn. Hast Zeit.«

Ich bekomme eine leise Ahnung von seinem Nomadenleben. Die Reisen von Stadt zu Stadt. Autobahnen. Grenzen. Kontrollen. Immer wieder gibt es Probleme an manchen Grenzen für ihn. Besonders zwischen Belgien und Deutschland. In Aachen wird er offenbar noch in den »Fahndungsbüchern« geführt. Er nimmt die Untersuchungen und Wartereien bei der Polizei mit Engelsgeduld. »You have to be pacient.«

Das winzige Downtown war an beiden Tagen so voll, daß man sich kaum noch rühren oder atmen konnte. Die Musiker saßen eng zusammengepfercht. In der Mitte thronte Chet auf einem Barhocker. Er spielte an beiden Abenden sehr lange. War gut drauf. Wippte mit dem Oberkörper im Rhythmus, schnippte mit den Fingern, wenn er Phil Markowitz am Piano zuhörte. Fragte das Publikum nach Wünschen, erfüllte sie. Das Publikum erlag völlig der Faszination dieses Mannes. In manchen Augenblicken schien es mir, als könnte er mit den Leuten machen, was er wollte. Ich ahnte, daß auch er das spürte. Und genoß.

Ich sehe sein Gesicht noch immer vor mir, wie er da saß, in das Publikum hineinschaute, mit einem hintergründigen, wissenden Grinsen auf den Lippen. Wie ein »God of Jazz«, der seine Jünger durch die Ekstasen des Be-Bop führte oder in die Untiefen nicht in Worte zu fassender Sehnsucht oder hinein in die lachende Traurigkeit eines Blue Bossa. Alle gingen mit. Yeah Chet.

Ich versuche alle Konzerte, die ich überhaupt nur erreichen kann, zu besuchen. Bin in Köln. Gehe die Aachener Straße in Richtung Subway. Plötzlich sehe ich Chet auf der anderen

Straßenseite in die entgegengesetzte Richtung laufen. Obwohl es kalt ist, trägt er nur eine Jacke. Den Kragen hochgeschlagen gegen den Nieselregen. Wo läuft er hin? Ich komme an am Subway. Vor der Tür steht Phil Markowitz, schaut sich suchend um. »You are lookin' für Chet?« frage ich ihn. »Yeah, he's great in disappearing.« Phil Markowitz schüttelt entnervt den Kopf.

Gemeinsam gehen wir über die Straße, auf der Suche nach Chet. Wir schauen an der nächsten Ecke in eine Kneipe rein. Da steht Chet an der Theke, raucht eine Zigarette und trinkt ein Kölsch. Er wollte vor dem Konzert noch etwas essen.

Als wir zurückkommen ist der Wirt vom Subway sauer. Er hat es sowieso nicht so sehr mit Chet-Baker-Konzerten. Chet ist schon mal viel zu spät gekommen, ein andermal überhaupt nicht. Chet Baker selbst hat mit solcherlei Aufregungen um seine Person überhaupt nichts zu tun. Darauf angesprochen, sagt er nur: »I try. I always try to show up.« Der Wirt sieht das anders: »Der Mann weiß ja nicht mehr, was er redet.« Man muß nur zuhören können. Chet meint alles, was er auf seiner Trompete erzählt. Aber ich kann die Veranstalter verstehen, wenn sie nervös auf Chet Baker reagieren.

Nach dem Subway-Konzert sehe ich, wie sich eine attraktive junge Frau förmlich auf Chet stürzt und auf ihn einredet. Chet putzt dabei sein Mundstück, zieht es von der Trompete ab. Wischt mit einer Art Geschirrtuch an seiner Trompete herum. Packt sie weg. Holt dann aus seinem Koffer den Zettel, den ich auch kenne, mit seinen Tournee-Daten, gibt ihn lächelnd der Frau. Sie schreibt eifrig einige Daten auf. Als sie ihm den Zettel zurückgibt, küßt sie Chet plötzlich. Dreht sich dann ganz schnell um und verschwindet – so als hätte sie auf einmal doch zuviel gewagt. Die Kollegen haben belustigt der Szene zugeschaut. Chet steht grinsend da, zuckt mit den

Schultern. Als wollte er sagen: Was kann ich dafür, daß sie mich toll findet. In diesem Augenblick sieht er ganz jungenhaft aus. Mir kommen die Fotos in Erinnerung, die ich von ihm aus den 50er Jahren kenne. Fotos, auf denen er mit James Dean verglichen wurde. Auch Chet Baker war ein Star, dem Tausende zu Füßen lagen. Ich freue mich für ihn. Und ich weiß, daß ihm solche Szenen guttun. Denn er ist verdammt einsam bei seinen Reisen quer durch die Welt. Er sagte mir mal: Alle denken, das muß eine tolle Sache sein, durch die Gegend zu ziehen. »Play a little Be-Bop here, play a little Be-Bop there. Man, it's a drag.«

In Italien ist Chet Baker ein Star geworden, der große Säle füllt und in TV-Shows auftritt. »Il grande Chet Baker« – so wird er dort gefeiert. In Deutschland zieht er von einem kleinen Club in den anderen. Und nicht nur in den Großstädten, sondern quer durchs Land – nach Krefeld zum Beispiel. Als ich dort ankomme, um ihn zu sehen, ist Unruhe im Jazz-Club. Die Band ist da, aber nicht Chet Baker. Und von der Band erkenne ich nur Phil Markowitz. Wo sind Scott Lee und Jeff Brillinger? Es ist nach zehn Uhr abends und von Chet noch keine Spur. Ich fragte Phil. Chet ist schon hiergewesen in Krefeld. Aber er hatte in einem anderen Club seine Tasche mit Geld und Papieren liegengelassen. Ich kenne diese Tasche. Sah aus wie eine Kulturtasche. Da hatte Chet sein Bares drin. D-Mark, Dollars, Francs, Lira, Gulden, schwedische Kronen – alles bunt durcheinander. Diese Barschaft war das einzige Materielle, das er überhaupt besaß. Er hatte kein Bankkonto und keinen Besitz im bürgerlichen Sinn. Manchmal gehörte ihm das Auto, mit dem er gerade unterwegs war. Zum Beispiel der graue Citroën CX damals, Ende der 70er. Später fuhr er verschiedene Alfa Romeos. Er schwärmte für Autos. Speziell für schnelle. Italienische Alfa Romeos mochte er besonders gern.

Eine Wohnung hatte er nie in Europa. Er wohnte hier und da. Meistens in Hotels oder bei Freunden. Beispielsweise bei Jon Eardley, beim Trompeten-Kollegen aus alter Zeit, der sowohl in Köln als auch in Belgien wohnte. In Belgien gab es noch ein paar andere Adressen. Das Haus von Jaques Pelzer zum Beispiel. Oder in Amsterdam, bei dem Trompeter Everett Hekkema und in Italien bei Freunden. Oft lagen in diesen Wohnungen irgendwelche Sachen von Chet Baker herum. Kleidungsstücke, Schallplatten. Aber eigentlich hatte er nur das, womit er gerade unterwegs war. Die Tasche mit dem Geld. Die Kleidung, die er auf der Haut trug. Manchmal lag noch etwas im Auto zum Wechseln, oder er kaufte sich unterwegs, was er gerade brauchte. Und das war nicht viel. Er brauchte seine Trompete. Doch nicht mal die hatte er immer dabei. Vergessen oder verkauft. Vielleicht verpfändet. »Gestohlen«, hörte man öfter von Chet Baker als Erklärung, warum er mit einer anderen Trompete kam oder sich eine ausleihen mußte. Immer hatte er aber sein Mundstück dabei. Vincent Bach Corp., 6C.

Wo hatte er diesmal seine Tasche liegengelassen? In Brüssel. Chet Baker war also kurz entschlossen von Krefeld nach Brüssel gefahren, um sie zu holen. Gegen elf Uhr abends kam er zurück. Es war ihm nicht anzumerken, ob es ihm leid tat, die Leute warten zu lassen, oder ob er erschöpft war. Er kam, ging einfach auf die Bühne, setzte sich auf den Stuhl, wo schon seine Trompete lag, und fing an zu spielen. Das Publikum war nicht etwa verärgert. Es war froh, daß nun doch der Mann gekommen ist, auf den alle so lange gewartet haben. Chet trug einen modischen blauen Samtanzug, den ich noch nie bei ihm gesehen hatte. Als ich ihn darauf ansprach, lachte er. Er hatte ihn schon länger. Mal in Rom gekauft. Ist ihm aber etwas zu »fancy« vorgekommen. Doch jetzt war nichts anderes mehr zum Anziehen im Auto gewesen.

Er spielte mit einem neuen Bassisten: Jean-Louis Rassinfosse aus Belgien. Und mit einem neuen Drummer: Charlie Rice. Ein schwarzer Amerikaner. Ich kannte ihn von einer Chet-Baker-Platte aus 1964: »The Most Important Jazz Album.«

Wo waren Scott Lee und Jeff Brillinger? Die Gruppe hatte doch gut zusammengespielt. Chet wurde traurig bei der Frage. Er trank einen Schluck von seinem Bier. Nahm einen langen Zug aus seiner Zigarette. Sie hatten jetzt zwei Jahre zusammengearbeitet. »Jeff is a nice drummer. He turns the rhythm around. He was with Woody Herman. Excellent drummer.« Irgend jemand hatte aber Jeff erzählt, daß er, Chet, wieder mit Heroin angefangen haben soll. Jeff wollte nicht für einen »Junkie« arbeiten. Ist abgehauen, zurück in die Staaten. Chet war sauer. Jeff Brillinger hatte nicht mal mit ihm darüber gesprochen. Packte einfach seine Sachen ein und war weg. Scott Lee, der Bassist, ist aus Solidarität oder Angst gleich mit abgehauen. Chet Baker fühlte sich als Opfer einer »bad publicity«. Er erzählte, daß er Methadon nehmen mußte, wegen der Schmerzen. Aber auch damit hat er jetzt aufhören können. »The only thing is smokin' cigarettes.«

Er spielte in dieser Nacht in Krefeld sein volles Club-Konzert-Programm. Drei Sets. Nur eben zeitversetzt. Start gegen elf Uhr. Und Charlie Rice war alles andere als nur ein Ersatz-Drummer. Er spielte in der guten, alten Kenny-Clarke-Schule, mit vielen »bombs« und viel bassdrum. Charlie war glücklich, mit Chet spielen zu können. Ich hörte ihn einmal zu Wynton Gayniar, dem schwarzen Tenoristen, sagen: »To me, Chet is the best trumpeter on the scene.« You're right, Charlie.

In der gleichen Besetzung sehe ich Chet in Hamburg. Onkel Pö's Carnegie Hall. Chet sieht wieder aus wie der junge »soft rebel« von einst. Once Upon A Summertime. Weißes T-Shirt, Jeans-Jacke, Blue Jeans, Boots.

Das Onkel Pö's ist beängstigend voll. In der Pause will sich Chet etwas von der Bar zum Trinken holen. Die Leute, die da dicht gedrängt stehen, denken aber nicht daran, ihm Platz zu machen. Sie bleiben einfach stehen. Chet ist nicht der Typ, der sich Platz schafft. Er steht scheu und bescheiden an der Seite, zuckt dann mit den Schultern und zwängt sich raus zur Tür, will wenigstens auf der Straße etwas Luft schnappen.

Auf den Fersen von Chet Baker. Chorus für Chorus. Clubs. Säle. Konzerte. Zig mal »My Funny Valentine«, »If I Should Lose You«, »Blue Room«, »C.T.A«, »Just Friends«, »Love For Sale«, »Down«, »Leaving«. Ich kannte sein Repertoire. Ich kannte die Arrangements. Manchmal auch die Folge der Stücke. Er begann mit einem Medium-Titel, dann etwas Schnelleres, dann eine Ballade, gesungen, gefolgt von einem Bossa Nova. Die Programme ähnelten sich. Und doch: Chet spielte die Stücke jedesmal anders. Eine bestimmte Wendung, die ich erwartet hatte, die genau kam nicht, sondern etwas ganz anderes, aufregend Neues. Er war ein großartiger Improvisator. Immer wieder gelang es ihm, den Stücken, die er so oft gespielt hatte, etwas völlig Neues zu geben. »I don't play free. We play in harmonic boundries. The trick is to be fresh and melodic in those boundries«, sagte Chet dazu.

Er hatte sein Repertoire, an das er sich hielt. Chet Baker fand die Auswahl leider etwas limitiert. Es gab neue Stücke – doch die Arrangements waren unterwegs verlorengegangen. Sein Drummer, Jeff Brillinger, hatte sie irgendwo auf der Straße in Boston liegengelassen. Trotz der oft gespielten Stücke habe ich nie Routine bei Chet Baker gehört. Oder auswendig Abgespultes. Hin und wieder war er sehr müde, uninspiriert – aber auch dann fiel er nicht zurück in Routine, dann spielte er lieber gar nicht oder kaum.

Vielleicht war es dies, immer und jeden Tag alles zu geben, es sich nicht leicht zu machen, eines seiner Probleme, die er durch Drogen versucht hat zu lösen. Chet: »All the time with Gerry Mulligan in the Haig, I was clean. People thought, I do something. But I did nothing.« Nach eigener Aussage hatte es angefangen nach Richard Twardziks Tod, 1955 in Paris. Bei seiner Rückkehr in die USA schlug ihm in New York auf offener Straße eine junge Frau ins Gesicht. Dick Twardziks Freundin. Sie hielt Chet Baker für mitschuldig am Tod ihres Freundes. Dessen Tod war aber auch für ihn ein tiefer Schock, den er zeitlebens nicht vergessen sollte. Nur schwer vorstellbar, daß diese Tragödie dazu beigetragen hat, seine inneren Barrieren vor den Drogen zusammenbrechen zu lassen. Vielleicht doch ein Schuldgefühl gegenüber dem toten Freund? Sieh her, jetzt mache auch ich mich kaputt.

Chet Baker wußte um die Gefahren. Er erzählte, Charlie Parker hatte ihn geschützt, als dessen Dope-Dealer sich an ihn heranmachen wollten. Aber letztlich war die eigene Neugier, der Wunsch, »to put your head into another direction«, die Suche nach »highs« in der Einsamkeit unterwegs, größer als die tragischen Erfahrungen anderer. Chet Baker blieb nach seinem Einstieg zeitlebens abhängig von Drogen. Er kämpfte immer wieder dagegen an – ohne dauerhaften Erfolg. Chet war davon überzeugt, daß er ohne seine Probleme ganz oben geblieben wäre: »On top with Miles and Dizzy. But I put all my energy into the wrong direction.«

Wenn er nicht gut drauf war, litt ich mit ihm. Empfand das Publikum wie eine hungrige Meute, die auf Beute wartet. Bereit, einen Mann auszulachen, anzumachen, der seelisch nackt und schon wund gebissen vor ihnen stand.

In Den Haag zum Beispiel. Jazz-Festival 1979. Festival der Eitelkeiten und der Gigantomanie. Hunderte von Musikern im Angebot. Mehrere Konzertsäle, in denen gleichzeitig die großen Stars auftraten. Eine überfressene und übermüdete Masse schwappte von Saal zu Saal. Ließ sich irgendwo nieder. Läuft was? Schwappte weiter. Kurz vor Mitternacht in dem kleinsten der Säle: Auf der dunklen Bühne plötzlich Bewegung. Gestalten machen sich an Instrumenten zu schaffen, rücken Mikrofone und Lautsprecher zurecht. Die Bühnenbeleuchtung geht an. Von der Seite kommt Jean-Louis Rassinfosse mit seinem kleinen, halbelektrischen Baß. Ein Mann setzt sich an den Flügel. Ich glaube, der Franzose Michel Graillier. Hinten im Dunkeln erkenne ich Ruth Young, die viel in dieser Zeit mit Chet gereist ist. Grell geschminkt, aufgedreht. Fast schiebt sie ihn auf die Bühne. Er geht jetzt, leicht vornüber gebeugt, etwas schwankend zu dem Stuhl, der für ihn bereitsteht. Ein paar Leute klatschen Beifall. Vereinzelt, hier und da im Saal.

Chet sitzt regungslos auf dem Stuhl. Jetzt setzt er die Trompete mit der Stütze nach unten auf seinem Bein ab, legt oben einen Arm über die Trompete, läßt müde seinen Kopf auf den Arm sinken. Das Publikum wird unruhig. Der Pianist klimpert nervös auf dem Flügel, Jean-Louis Rassinfosse nestelt an den Saiten seines Basses herum. Plötzlich legt Chet die Trompete quer über seinen Schoß, holt das Mikro aus der Verankerung heraus und fängt an zu singen: »My Foolish Heart«. Er nimmt die Ballade noch langsamer als sonst. Wie erlöst setzen der Bassist und der Pianist ein. Umspielen Chets Gesang. Aber nur ein paar Takte lang. Chet dreht sich zu dem Pianisten um, herrscht ihn an: »Stop it. Lay out!« Singt weiter. Der Pianist schaut etwas irritiert über den Flügeldeckel hinweg zu Chet. Leute im Publikum werfen sich bedeutungsvolle Blicke zu. Teils amüsiert, teils wissend tuend. Der Pianist drückt weiter, schüchtern, ein paar Akkorde. Chet unterbricht. »I told you lay out.« Er starrt jetzt drohend zu dem

Pianisten hinüber. Der grinst zurück, etwas verlegen, spielt unwillkürlich ein paar Noten. Chet springt auf, geht schwankend auf den Pianisten zu: »Stop it. Leave alone.« Der Pianist schaut hilfesuchend zu Jean-Louis Rassinfosse, dem Bassisten. Doch der sieht weg. Mir ist ganz heiß vor Aufregung. Ich möchte Chet helfen. Möchte ihn beruhigen, weiß aber nicht, was ich tun soll. So sitze ich nur wie angewurzelt auf dem Fußboden vor der Bühne. Pfiffe werden laut. Der Pianist steht endlich ganz langsam auf, geht von der Bühne.

Chet setzt sich wieder auf seinen Stuhl. Ruft Jean-Louis Rassinfosse einen Titel zu und spielt einen schnellen Titel auf der Trompete – nur vom Baß begleitet. Das war die kleinste Besetzung, in der ich Chet bis dahin gehört hatte. Er spielt seinen Set in dieser Besetzung auch zu Ende. Er wartet nicht einmal den Schlußbeifall des mittlerweile etwas wohlgesinnteren Publikums ab, sondern steht einfach nach dem letzten Titel auf und verschwindet von der Bühne. Sekunden später sehe ich ihn am Arm von Ruth sich durch den Gang Richtung Treppe und Ausgang drängen.

Jean-Louis Rassinfosse sah ich nächsten Tag am Strand von Scheveningen wieder. Chet war schon wieder unterwegs mit dem Auto nach Mailand. Er kam in der Nacht zuvor nonstop aus Marseille. Direkt vom Auto auf die Bühne. Er haßte diese Art von Festivals. Er hatte deshalb auch Streit mit Ruth. Und er haßte Streit. Der arme Pianist mußte dafür büßen. Chet Baker war meist sanft und freundlich, konnte auch sehr charmant sein. Ab und zu wurde er wahnsinnig cholerisch und aufbrausend.

Ich habe später Chet Baker oft zusammen mit dem Pianisten Michel Graillier gehört. Live, auf Platten und auf Bändern. Meist hatte ich das Gefühl, daß Michel Graillier von seiner Konzeption her sehr gut zu Chets Stil paßte. Manchmal aber hörte ich Michel Graillier völlig selbstvergessen begleiten, ohne auch nur die Spur darauf zu achten, was der Trompeter gerade spielen wollte. Ich habe Chet Baker oft darüber stöhnen gehört, habe Konflikte zwischen beiden erlebt. Aber nie war es so schlimm wie die Auseinandersetzung damals in Den Haag.

Nach diesem Jazz-Festival habe ich Chet Baker ziemlich lange nicht mehr gesehen. Er war irgendwo unterwegs. Mir blieben die Platten. In Europa begann jetzt die Zeit, in der eine regelrechte Flut von Chet-Baker-Schallplatten in die Geschäfte kam. Einige davon allerdings nur auf ganz kleinen Labels, die kaum oder nur schwer zu bekommen waren. Die »Ballads For Two« zum Beispiel mit dem deutschen Vibraphonisten Wolfgang Lackerschmid. Diese Duo-Aufnahmen brachte Wolfgang Lackerschmid in Eigenproduktion heraus. Ich ließ sie mir von ihm schicken. »Five Years Ago« ist ein wunderbares Stück auf dieser Platte. Chet spielt mit einem geradezu überirdischen Ton. Fast ganz ohne Ansatz schweben die Töne aus der Trompete, seidiger und luftiger denn je.

Dann auf dem französischen Label *Sonopresse* die »Broken Wing«-LP, mit Phil Markowitz und Jeff Brillinger aus seinem Tournee-Quartett. Und die erste Platte einer längeren Serie auf *Steeplechase*, dem Jazz-Fan-Label aus Kopenhagen: »The Touch Of Your Lips«. Im Trio mit dem Gitarristen Doug Raney und dem dänischen Bassisten Niels-Henning Orsted-Pedersen. Eine seiner schönsten Platten aus jener Zeit.

Ich lebe allein in diesen Jahren, Anfang der 80er. Höre viel Musik. Tauche voll ab in die Chet-Baker-Welt. Ich will wieder Trompete üben. Habe jetzt eine brandneue »Conn Constellation« und ein »Vincent Bach«-Mundstück, 6C. Ich dudel aber mehr herum, als daß ich ernsthaft übe. Merke leider, daß ich damals in Berlin, mit 18, 20 Jahren, auf meiner schlechteren DDR-Trompete besser war. Trotzdem, ich freue mich, wenn ich ein paar der Themen von Chet Bakers Platten nachstoppeln kann. Wenigstens die langsamen.

In einem Magazin lese ich von einer Platte, die in Belgien erschienen ist. Chet mit Steve Houben, einem belgischen Altisten. In dem Magazin steht auch ein Name und eine Bestell-Adresse: Spa in Belgien. Ich mache mich auf den Weg. Finde die angegebene Adresse. Unter der Hausnummer aber gibt es kein Haus mehr, sondern eine Baustelle. Frust.

Ich habe jetzt nur noch den Namen der Company, die die Platte hergestellt hat oder vertreibt oder sonstwas. Ich nenne einem Arbeiter diesen Namen. Der zuckt mit den Schultern, kann damit nichts anfangen. Ein Kollege kommt dazu, nennt mir eine andere Stadt in der Nähe, eine Adresse. Ich lasse sie mir aufschreiben. Weiß nicht genau, was der Hinweis soll, ob die früheren Bewohner des Hauses dahingezogen sind oder ob da jemand mehr weiß. Egal, ich fahre in die Stadt.

In der Straße, die ich suche, stehen lauter Fabriken. Altes, tristes Industriegebiet. Ein besonders ältliches Gebäude hat die Hausnummer, die ich aufgeschrieben bekommen habe. Ich gehe rein. Sehe keinen Menschen, höre aber von oben Hämmern und Klopfen. Baulärm. Ich gehe dem Lärm nach. Plötzlich komme ich in einen großen Raum, der offenbar zu einem Theater- oder Konzertsaal umgebaut wird. So ähnlich wie die Fabrik in Hamburg. In einem Hinterzimmer stehen ein paar Typen rum. Ich frage nach dem Namen, den ich aus dem Magazin kannte. Er war nicht da. Was ich denn wollte? Fragen wegen der Platte von Chet Baker und Steve Houben. »O.K.«, sagt einer der Typen. »Ich bin Steve Houben. Und das ist Martine«, er nickt zu einer jungen Frau rüber, die an der Wand lehnt, »fahr ihr nach. Sie hat die Platten zu Hause.«

So komme ich in das Haus von Steve und Martine Houben. Es liegt etwas außerhalb der Stadt in einem großen Garten. Als wir ankommen, laden gerade ein paar Jungs ihre Instrumente in einen VW-Bus. Eine Musikertruppe on the road, die bei Houbens übernachtet hat.

Wir trinken Kaffee zusammen. Martine holt die Platten, legt eine auf. Ich höre Chet, und sie erzählt von den Aufnahmen. Steve Houben ist ein Neffe von Jaques Pelzer. Der hat die Session wohl organisiert. Es war Steves Traum gewesen, einmal eine Platte mit Chet Baker zu machen. Chet hat einfach »ja« gesagt. Steve und Martine Houben waren unheimlich stolz darauf. Ich fahre mit meinem Plattenschatz nach Hause. »I'm Deep In A Dream Of You«, singt Chet auf der Platte. »The cigarette burns me but the pain doesn't hurt me . . .« Yeaahh, I'm deep in a dream of him.

Ich hatte nie professionell mit dem music business zu tun. Früher als Amateurmusiker nicht, und auch später kaum, als ich beruflich andere Wege ging. Ich blieb der zuschauende Fan, einer aus dem Publikum. Ich habe aber immer viel mit Musikern und Musikmachen zu tun gehabt. Einen kleinen Einblick ins business bekam ich jedoch bei Burkhard Hennen in Moers. Ich half ihm bei der Werbung für sein *New Jazz Festival*, das seit Jahren immer zu Pfingsten läuft. Avantgarde im Abonnement. Burkhard Hennen versuchte auch, neben seinem Platten-Label *Moers-Music*, auf dem er Anthony Braxton als einen der ersten herausbrachte, einen Platten-Versand für Independent Labels aufzubauen. Free Jazz, das war und ist sein Ding.

Ich schaute mich neugierig um in seinem Lager. Die raumhohen Regale voll Platten machten mich an. Nur, hier, im »Zentrum des Free Jazz«, würde ich wohl kaum auf meine Kosten kommen. Dachte ich. So beiläufig wie möglich fragte ich den bärtig-freakigen Free-Jazzer, ob es denn wohl auch was von Chet Baker bei ihm gäbe. Burkhard murmelte, daß zwei Platten dasein müßten. So ’ne Live-Aufnahme aus Paris und dann irgendwas aus New York. »Hier, sieh mal die Listen durch. Ich sag’ dir dann, in welchem Regal du suchen mußt. Vielleicht liegt das Zeug auch noch in den Paketen, die ich gestern aus dem Zoll geholt habe.«

Das durfte nicht wahr sein. Mensch, hier in Moers. Ich suchte in seinen Listen. Tatsächlich: »Chet Baker – Live in Paris«, *Circle Records,* und dann »Once Upon A Summertime«, *Artists-House.* Die Paris-Aufnahmen fingerte Burkhard aus dem Regal heraus. Die *Artists-House*-Platten lagen tatsächlich noch in einem verschnürten Paket. »Soll ich sie auflegen?« fragte Burkhard. Nein, ich wollte sie nicht hören. Nicht jetzt. Nicht hier zusammen mit den Leuten, die rein- und rausgingen, quatschten.

Ich starrte die Covers an. Die *Artists-House*-Platte hatte die liebevollste Ausstattung, die ich bislang bei einer Chet-Platte gesehen hatte. Aufzuklappen wie ein Doppelalbum mit einem langen Text über Chet, aufgebaut auf ein Interview. Mit Fotos, die für mich völlig neu waren. Als Kind. Als Soldat in Berlin. Mit Charlie Parker, mit Gerry Mulligan. Als junger Trompeten-Held der 50er, aktuelle Fotos. Neben der Platte steckte ein Booklet mit Noten, noch mehr Fotos, einer Diskographie. Wer hatte diese wundervolle Platte rausgebracht? Der Produzent hieß John Snyder. Er hatte vorher für Creed Taylors *CTI* gearbeitet und versuchte jetzt mit *Artists House* sein eigenes Label in New York auf die Beine zu stellen. Wieviel Liebe er in diese Platte gesteckt hatte. Es war eine der ersten seines Kataloges, der – wie könnte es auch anders sein – nie sehr umfangreich werden sollte. Soviel Liebe für Schallplatten – und dann noch Jazz –, das kostet viel Geld. Und wer kann mit Liebe zum Jazz schon Geld verdienen?

Die Musik, die Besetzung auf der Platte ist großartig. Gregory Herbert, Tenor-Saxophon; Harold Danko, Piano; Ron Carter, Baß; Mel Lewis, Drums. First-rate-people. First-rate-music. Ein bißchen hat mich die Musik an die *Prestige*-Aufnahmen erinnert, die Chet Baker 1965 mit dem Saxophonisten George Coleman gemacht hatte und um die er in so widerlicher Weise betrogen worden ist. Damals wie auf dieser Platte moderner Bop, aus der melodischen Sicht von Chet Baker gespielt. Er hatte erstmals volles Vertrauen in einen Produzenten gesetzt: »I love John and I trust him.« Anders als bei so vielen Aufnahmen früher, war Chet derjenige, dem die Rechte an der Musik gehörten. Der an dem Verkauf beteiligt werden sollte. Allerdings: Was blieb von solch guten Konditionen, nachdem *Artists House* schon nach wenigen Jahren Pleite gemacht hat? Heute gehören diese Aufnahmen wie auch jene, die vielleicht noch in den Schränken liegen, einer großen US-Schallplatten-Gesellschaft.

Chet Baker hatte die Musik schon 1977 in New York im Studio eingespielt. 1980 kam sie aber erst als Platte heraus. Die *Circle*-LP »Live In Paris« wirkte dagegen wie ein privater Mitschnitt eines Chet-Baker-Gigs. Es war ein Auftritt im Jazz-Club Le Dreher, Juni 1980. Aus dem wunderschönen, plüschigen Jazz-Club im Souterrain eines Bistros am Place de Chatelet wurde inzwischen ein Restaurant Bavaria. Die Musik auf der Platte brachte voll die Atmosphäre rüber, die ich so gut kannte von den Konzerten in den Clubs. Lange, intensive und konzentrierte Solos von Chet Baker.

Circle sollte später noch ein halbes Dutzend solcher Mitschnitte von Chet aus Paris und Köln veröffentlichen. Aber damals die erste, mit Karl Ratzer auf der Gitarre, »Live in Paris«, das war ein großes Ereignis für mich. Nach der legendären *Pacific-Jazz*-Platte »Ann Arbor« aus den 50ern und dem Comeback-Concert mit Gerry Mulligan in der Carnegie-Hall

1974 war »In Paris« die dritte Live-Aufnahme, die es von Chet Baker gab. Und live, das ist etwas ganz Besonderes. Man hört ihn atmen, zu den Musikern oder dem Publikum sprechen. Manchmal sind auch Fehler auf der Trompete zu hören. Es kommt bei diesen Aufnahmen noch viel mehr Menschlichkeit rüber als bei den polierten, glatten Studioaufnahmen.

Im November 1980 sehe ich selbst Chet Baker endlich wieder live. Im Aachener Audimax ein Konzert mit Wolfgang Lakkerschmid, Vibraphon; Larry Coryell, Gitarre; Frank Tusa, Baß; Alphonse Mouzon, Drums. Das Audimax ist ausverkauft. Ich denke, daß die meisten wegen Larry Coryell und Alphonse Mouzon ins Konzert gegangen sind. Beide haben bekannte Namen von ihren damals sehr beliebten Jazz-Rock-Platten. Beide bekommen auch den größten Beifall bei der Vorstellung. Aber wie schon vor einem Jahr in Essen zieht auch hier der Magier Chet Baker mit seiner Musik das Publikum in den Bann. Optisch fast unscheinbar auf seinem Stuhl, ist er doch vom ersten Stück an die zentrale Figur. Dem Star-Drummer Alphonse Mouzon scheint aber die Rolle als begleitender sideman – und dann noch für Chet Baker – überhaupt nicht zu gefallen. Immer wieder macht er durch gewaltige »bombs« oder auch Clownereien auf sich aufmerksam. Er gehört zu den Schlagzeugern, die meinen, daß ihr Drumset das absolute Zentrum auf der Bühne sein muß. Was natürlich überhaupt nicht zur musikalischen Konzeption Chet Bakers paßt. Mehr als einmal dreht sich Chet entnervt um zu Alphonse Mouzon. Manchmal scheint er ihn regelrecht zu bitten um etwas mehr Zurückhaltung. Alphonse Mouzon aber quittiert dies nur mit Albernheiten und noch mehr Lautstärke.

Vielleicht war es diese Konzertserie, die Chet Baker endgültig dazu brachte, fast nur noch ohne Drummer zu spielen. Jedenfalls reiste und spielte er in den 80er Jahren am liebsten in Trio- oder Duo-Besetzungen. Er konnte seine subtile Musik besser darstellen ohne das ewige Geklinge der Cymbals und den »bombs« auf den Trommeln.

Nach dem Konzert mit Wolfgang Lackerschmid rufe ich den Vibraphonisten an. Ich will mehr wissen über seine Erfahrungen mit Chet. Wolfgang liebt die Musik von Chet. Und er liebt es, mit ihm zusammenzuspielen. Auch wenn dies nicht immer ganz einfach ist. Denn Chet übt niemals mit der Band. Vorbereitete, geschriebene Arrangements sieht er sich nicht an. Noten bedeuten ihm wenig. Er kann sie lesen, aber er hat keine Lust dazu. Wenn er sich auf ein neues Stück einläßt, hört er es sich zwei-, dreimal an, kann es dann spielen und darüber improvisieren, ohne auch nur einen Blick auf die notierten Akkorde verschwendet zu haben.

Chet Baker verläßt sich voll und ganz auf sein Gehör. Und er verläßt sich darauf, daß seine Musiker die Titel kennen, die er gerade spielen will. So konnte es vorkommen, daß Chet sich auf der Bühne kurz umdreht, eine Nummer nennt, die er vor dreißig Jahren mal in Los Angeles gespielt hat und einfach anfängt. Ohne Rücksicht darauf, ob die jungen Musiker das schon jemals gehört, geschweige denn, gespielt hatten. Sie müssen eben sehen, wo sie bleiben. Kritik daran interessiert Chet nicht im geringsten: »I thought, you're professional musicians.« Lackerschmid lachte, als er das erzählt. Aber bei den Konzerten kam er schon ins Schwitzen.

Ich will die Gruppe noch einmal sehen. Lasse mir von Gabriele Kleinschmidt, der Managerin, die Tournee-Termine geben. Ein Termin paßt mir gut. Allerdings findet das Konzert in Selb im Frankenwald statt, nahe der Grenze zur ČSSR. Das heißt vier Stunden Autofahrt von meinem Wohnort aus.

Als ich dort ankomme, das Konzert sollte im Feierabend-Haus der Porzellan-Fabrik Rosenthal stattfinden, kommt mir alles ziemlich dunkel und merkwürdig vor. Ich finde einen verschlafenen Pförtner in seinem Häuschen. Ein Konzert? Hier gibt es kein Konzert. Gestern waren irgendwelche Amerikaner da, die hier gespielt haben ... Ich schob eine Chet-Baker-Kassette in den Recorder meines Autos und machte mich auf den Rückweg.

Auf der wundervollen Platte von *Artists House* »Once Upon A Summertime« stand eine Einladung von John Snyder, dem Produzenten, daß jedermann willkommen sei, die Company in New York zu besuchen. Vielleicht nur ein Reklame-Gag. Aber ich fand die Platte so liebevoll produziert, daß ich John dafür »Danke schön« sagen wollte. Also rief ich ihn an, als ich 1982 das erste Mal in New York bin. Eine Geschäftsreise mit Urlaubsverlängerung. Ich arbeitete damals für eine große amerikanische Agentur. Machte in der New Yorker Zentrale meinen Antrittsbesuch. Das Offizielle war schnell abgehakt, und ich konnte mir meine Träume im »Big Apple« erfüllen. Sah erstmals all die Clubs, die ich nur von den Platten-Covers kannte. Village Vanguard, Fat's Tuesday, Lush Live ...

Und ich sprach mit John Snyder. Er ist wirklich ein so liebenswerter Mann, wie es seine Platten auch vermuten ließen. Seine Freude war echt, daß sich ein Fan aus Europa bei ihm meldete. John erzählte, daß er noch mehr Material von Sessions mit Chet Baker hatte – aber keine Möglichkeit, um es zu veröffentlichen. Doch sein Ex-Boß, Creed Taylor, hat gerade auf CTI eine neue Chet-Baker-Platte herausgebracht. »Studio Trieste« mit Jim Hall. Die hatte ich längst in New York entdeckt. Hervorragend produziert, wie die meisten amerikanischen Aufnahmen. Aber irgendwie bekam ich das Gefühl, daß bei dieser Art Platten die Produzenten zuviel mitreden. Sie meinen zu wissen, wie es geht und welche Stücke zu spielen sind. Wie sonst käme Chet wohl dazu, »Schwanensee« zu spielen? Auf dieser LP ist aber auch eine wundervolle Interpretation von Miles Davis' »All Blues«. Es ist sicherlich nicht einfach für einen Trompeter, diesen mit Miles Davis identifizierten Blues originell und eigenständig zu interpretieren. Bei Chet klingt »All Blues« jedoch, als wäre es schon immer sein Blues gewesen.

Auf einer New Yorker Radio-Station hörte ich noch mehr neue Chet-Baker-Musik. Es waren Aufnahmen aus Italien, mit Enrico Pieranunzi. Besonders toll fand ich einen Titel, bei dem Chet im Duo mit dem Pianisten scattet. So hatte ich ihn noch nie singen gehört. Doch die Leute in New York zuckten nur mit den Achseln. Chet with Enrico who? Keiner kannte die Platte. Sehr viel später, wieder in Deutschland, frage ich Chet Baker danach. »Yeah, meets Enrico Pieranunzi. We made the album in Milan, while I was playing at the Capolinea-Club. It's hard to get, I know. I've got some copies in Brussels.« Wir waren aber leider nicht in Brüssel. Doch irgendwann war ich in Mailand, ging natürlich ins Capolinea, und dort hatten sie die Platte. »Soft Journey.« Hätte auch das Motto meiner Italien-Reise sein können. Chet Baker war gern in Italien. Ich kann ihn verstehen.

In New York, im Club der Brecker-Brothers im Village, dem Seventh Avenue South, lief eine Jazz-Ausstellung von Deborah Feingold. Über diese Ausstellung kam ich in Debbies Atelier in Greenwich Village. Sie zeigte mir Fotos von Chet, die sie Ende der 70er gemacht hatte. In irgendeinem Appartement, in dem Freunde von Chet Baker wohnten. »Very strange people«, erinnerte sie sich. Sie war eingeladen, um Chet zu fotografieren. Tat das auch, und Chet tat, worum sie ihn bat, sagte aber die ganze Zeit kein einziges Wort, wirkte total abwesend und ganz weit weg. Ihr kam die Szene gespenstisch und irreal vor.

Eines dieser Fotos hatte sie mit Eiweiß-Lasur-Farben handkoloriert. Das Bild ist sehr persönlich, privat. Chet sitzt auf einem Sofa. Relaxed, verträumt. Er sieht sehr jung und ganz alt aus – beides zugleich. Es ist ein wunderbares Foto.

Deborah Feingold erzählte mir von ihrem Freund, einem Bassisten, der schon mal mit Chet gespielt hatte. Er sei ziemlich unbekannt. Er hatte gehofft, daß er durch die Gigs mit Chet in den Staaten bekannter werden würde. Aber Chet ging mit ihm nach Europa. Ich kannte den Bassisten. Es war Scott Lee, der mit dem Trompeter 1978 auch in Deutschland auf Tournee war.

In New York spürte ich, daß Chet Baker nicht mehr die große Nummer war, die er einmal in den 50ern in den USA gewesen ist. Und die er in Europa wieder geworden war. Er spielte nach seinem Comeback Mitte der 70er einfach zu oft in Europa. Die Szene in USA vergißt schnell. Es zählt, was aktuell ist. Und aktuell ist, wer präsent ist. Aber Chet Baker mochte eben das Leben in Europa. Es schien ihm auf dem alten Kontinent weniger hart und hektisch zuzugehen. Auch waren die Reisen für ihn als Musiker »on the road« weniger anstrengend. Weil eben die Distanzen nicht so riesig sind. Er mochte es, mit der Bahn zu fahren: »Eurailpass is a good deal.« Aber noch lieber fuhr er mit dem Auto kreuz und quer durch das dem Amerikaner angenehm klein erscheinende Europa. Chet Baker: »I like a car better. You don't have to deal with all those strange people in train stations, or take a taxi to the club or to the hotel. You can play your cassette player, and it's comfortable and you just throw your stuff in the car. You have your privacy and you don't have to deal with anybody.«

Seine USA-Aufenthalte wurden immer mehr zu kurzen Stippvisiten, bei denen er meist auch seine Familie sah, die wieder in Oklahoma lebte. Ich wußte nicht, ob Chet Baker zu der Zeit, als ich New York besuchte, auch gerade da war. Ich habe zwar mal – einfach nur so – im Telefonbuch von Manhattan geblättert. Aber das ist natürlich absolut hoffnungslos bei der Zahl von Eintragungen unter »Baker, C.H.«. Und hatte er überhaupt noch das Appartement an New Yorks Westseite, in dem er in den 70ern mit Ruth Young zusammen wohnte? Später erfuhr ich: Chet Baker war in New York. Aber es ging ihm sehr, sehr schlecht. Er konnte nirgendwo auftreten. Erst wieder in Deutschland höre ich von einem Chet-Baker-Konzert. Er soll in Hamburg spielen, in der Fabrik. Ein Duo mit dem Pianisten Duke Jordan.

Ich fahre nach Hamburg. In der Fabrik haben sie ein Festival vorbereitet. Chet ist der Star des Programms. Als sein Auftritt dran ist, geht ein Typ auf die Bühne. Ich ahne schon, was kommt. Und richtig, der Typ verkündet mit dem Ausdruck des größten Bedauerns, daß Chet Baker bislang nicht eingetroffen ist. Sie haben telefonisch die Auskunft bekommen, daß Chet in Mailand ins Flugzeug nach Frankfurt gestiegen ist. Dort hätte er umsteigen müssen in die Maschine nach Hamburg. In Frankfurt allerdings hat sich seine Spur verloren. In der für ihn gebuchten Maschine nach Hamburg ist er jedenfalls nicht gewesen. Statt dessen wird jetzt Herb Geller, Alt-Saxophon, im Duo mit Duke Jordan, Piano, spielen. Das Publikum war enttäuscht, nahm die Nachricht aber gelassen hin. So konnte es eben gehen mit Chet Baker. Ich war traurig. Doch die Trauer wurde aufgefangen durch die Musik, die Herb Geller und Duke Jordan dann machten.

Herb Geller ist etwa im gleichen Alter wie Chet Baker. Er spielt im NDR-Orchester. Und jedesmal, wenn ich ihn außerhalb des Orchesters in einer kleinen Besetzung gehört habe, hatte ich den Eindruck, daß der Mann aufblühte. Mein Gott, kann dieser Herb Geller herrlich spielen. Er stammt aus Los Angeles, und ich habe seine Musik schon früh auf Platten kennengelernt, die er in den 50ern zusammen mit Chet und mit Clifford Brown gemacht hatte. Herb Geller ist nie der Superstar gewesen, über den man ständig etwas lesen konnte. Ich verlor ihn und seine Arbeit etwas aus den Augen.

Mitte der 60er wurde in der neuen Eierschale an der Berliner Podbielskyallee in den oberen Räumen Modern Jazz gespielt. Im Erdgeschoß selbstverständlich Dixieland, dafür war ja auch die Eierschale berühmt. Aber ich war oben, auch im übertragenen Sinne: high von der Musik, die Hans Koller dort machte oder der holländische Trompeter Ack van Rooyen, den ich schon aus dem Blue Note kannte und der mir auch mal ein paar Tips fürs Trompetespielen gegeben hatte.

Eines Abends stieg in der Eierschale ein grauhaariger, großer, kräftiger Mann ein, der Alt-Saxophon spielte. Ich hatte ihn noch nie gesehen, keine Ahnung, wer er war. Aber er spielte großartig. In einem Club hatte ich noch nie jemand ein solches Alto spielen gehört. Es war riesig. Nach dem Set fragte ich Ack van Rooyen: »Wer um Himmels willen ist dieser tolle Alt-Saxophonist?« Ack lächelte: »Herb Geller.« Der große Saxophonist blieb von da an in Berlin. Ich lernte ihn ein bißchen kennen. Er ist ein wirklich liebenswürdiger und herzlicher Mensch.

Später führte Herb Geller seinen eigenen Club in Berlin: Die Jazz-Galerie in der Bundesallee. Hier hatte der große Eric Dolphy seinen letzten Auftritt, bevor er in Berlin verstarb. Irgendwann ist Herb nach Hamburg gegangen, und er spielt dort schon seit vielen, vielen Jahren im NDR-Orchester. Ich hatte ihn schon lange nicht mehr live gehört bis zu diesem Abend in der Fabrik, an dem er für Chet Baker eingesprungen ist. Es war schön, Herb Geller wiederzuhören. Wie aber wäre es wohl gewesen, wenn er mit Chet damals zusammen gespielt hätte? Es blieb in Hamburg ein Traum. Er war verschwunden.

Die Sorge, kommt er oder kommt er nicht, begleitete mich ständig bei den Fahrten zu seinen Konzerten. Ich nahm es einfach hin mit der Zeit. Und nicht immer war ja ein Konzert für mich mit größeren Reisen verbunden, manchmal spielte er auch in der Gegend, in der ich wohnte. Aber auch da habe ich um seinen Auftritt zittern müssen: Ich gehe zu einem Konzert in die Mensa der Düsseldorfer Uni. Zuerst soll das Chet-Baker-Trio mit Philip Catherine, Gitarre und Jean-Louis Rassinfosse, Baß, spielen, danach das George Adams/ Don Pullen-Quartet. Die Mensa ist bis auf den letzten Platz besetzt. Wieder erscheint zu Beginn ein Ansager auf der Bühne: »Sie ahnen es schon« . . . Ein Stöhnen geht durch das Publikum. Ich verkrampfe mich innerlich. Chet Baker ist zwar in Düsseldorf angekommen. Es geht ihm aber so schlecht, daß er sofort in ein Krankenhaus mußte, und man weiß nicht, ob er noch hierher auf die Bühne kommen kann . . . Aber man hofft.

Als erste Band spielte dann George Adams und Don Pullen. Ich mag ihre Musik sehr, vor allem die hymnische Ekstatik von George Adams auf dem Tenor, aber ich konnte mich schwer auf ihre Musik konzentrieren. Meine Gedanken kreisten um Chet. Im Krankenhaus? Ich kannte mich aus in Düsseldorf. Kann ich hin in dieses Krankenhaus? Ihm helfen? Aber wie? Heike, meine Frau, sitzt neben mir. Sie spürt meine Nervosität. Beruhigt mich.

Der Auftritt von George Adams ist zu Ende. George nimmt das Mikrofon, bedankt sich für den Beifall und wünscht dem Publikum viel Freude mit der nächsten Band, mit Chet Baker. Er ist da und wird spielen. Riesenerleichterung. Aber wie geht es ihm? Kann er überhaupt spielen? Kurze Umbaupause. Ich sehe Philip Catherine und Jean-Louis Rassinfosse ihre Verstärker justieren. Es dauert endlos, bis sie all ihre Kabel sortiert haben. Jetzt geht Philip von der Bühne und kommt mit einem Stuhl zurück, stellt ihn direkt vorn zum Mikrofon. Sekunden später wird das Saallicht dunkler, Spots erleuchten die Bühne, und endlich erscheint Chet Baker. Es ist kalt draußen, Februar. Chet trägt an den Füßen nur Sandalen. Keine Strümpfe. Er trägt oft solche Sachen. Ich habe ihn nie gefragt, warum eigentlich. Heike holt aus ihrer Tasche einen kleinen Kassettenrecorder. Sie will das Konzert für mich aufnehmen. Ich freue mich, daß sie an diesen Recorder gedacht hat. Ich vergesse das meistens.

Chet Baker sieht aus wie immer. Er setzt sich auf den Stuhl, schlägt die Beine übereinander, hebt schwer seine Trompete, stützt den linken Arm ab auf dem übergeschlagenen Bein, fängt an zu spielen. Langgezogene, fast klagende Töne, von einem E Ton für Ton nach unten gehend: »Leaving«, die wunderschöne Ballade von Richie Beirach, die Chet so oft spielt. Es ist sein Stück. »Leaving« ist der erste Titel, den er an diesem Abend spielt. Meint er es auch so? In wenigen Minuten aber ist die Sorge um Chets Zustand der Faszination gewichen. Chet, der Magier. Bei der ersten Gesangs-Nummer unterbricht er seinen Gesang, ruft dem Tontechniker zu, er solle die Regler runterziehen, und als der nicht oder nicht schnell genug reagiert, brüllt Chet ins Mikro, so laut, daß die Lautsprecher krachen: »It's too loud, man. It's too loud.« Der Techniker reagiert verschreckt, und Chet setzt wieder ein: »But Not For Me.« Auf dem Weg nach Hause schiebe ich Heikes Kassette in den Autorecorder. Alles kommt toll rüber.

Ein paar Tage später sind wir unterwegs nach Amsterdam. Freunde von uns wohnen da. Wir wollen sie sehen. Aber vor allem will ich auch zu einem Konzert ins Bim-Huis gehen. Ein phantastischer Platz für Jazz-Konzerte. Ein roter Backsteinbau direkt an einer Gracht, der Oude Schans. War vielleicht einmal ein Speicher oder so etwas. Jetzt ist vorn ein Café, dahinter ein großer Saal. Holländisch-relaxte Atmosphäre. Ich sehe dort Chet Baker in demselben Trio spielen, mit dem er in Düsseldorf war.

Heike will ein paar Fotos von seinem Auftritt machen. Sie setzt sich mit einer Polaroid direkt vor Chet auf den Boden, um zu fotografieren. Chet singt gerade ganz leise, ganz zart »This Is Always«. Heikes Polaroid-Kamera spuckt rasselnd ein Foto aus. Verdammt gut zu hören. Chet öffnet irritiert die Augen, stoppt kurz. Um Himmels willen, sie hat seine Konzentration gestört, ihn rausgebracht. Wird er wütend werden? Chet lächelt sie aber nur scheu an, singt weiter. Ich atme durch. Heike fotografiert rasselnd weiter.

Nach dem Konzert, der Saal ist schon leer, sitzt Chet mit seiner Freundin Diane ganz allein in der ersten Reihe, lehnt seinen Kopf an Dianes Schultern. Ich gehe zu ihm. Er lächelt mich an. Wir reden miteinander. Ich erzähle ihm von meinen Sorgen, wegen des Krankenhauses in Düsseldorf. Chet ist sauer und fragt: »Der Typ hat das wirklich von der Bühne aus dem Publikum gesagt?« Er schüttelt verwundert den Kopf: »It was a good concert.« Irgendwie kommen wir auf früher zu sprechen. Ich erzähle von der ersten Platte, die ich von ihm gehört habe. Die Single mit Caterina Valente. Er schließt lächelnd die Augen. »Yeah, I remember. Two tunes. Everytime We Say Good-Bye . . . what was the other one? Yeah, I'll Remember April. Was a nice session. Albert was in the studio. Albert Mangelsdorff and Jo . . .«

Ich bin erstaunt, daß sich Chet daran erinnert. Schließlich hat er diese Aufnahmen 1956 gemacht. Und wir reden im Mai 1985 darüber. Die Aufnahmen müssen ihm etwas bedeutet haben. Mir auch. Als wir uns verabschieden, umarmt er mich. Lächelt mich an. Er drückt mir noch einmal den Arm, dann geht er mit Diane. Ich schau ihm nach, wie er, etwas gebeugt, zum Ausgang schlendert. Mit hochgezogenen Schultern, die er beim Laufen leicht hin und her schwingt. Mir fällt die Szene in der Uhlandstraße in Berlin ein. Zwanzig Jahre ist das jetzt her. Und immer noch bekomme ich Herzklopfen, wenn ich Chet Baker »live« sehe. Habe einen Kloß im Hals, wenn ich mit ihm spreche. Heike gibt mir die Fotos, die sie gemacht hat. Ich bin froh. Wenigstens bleiben mir diese Polaroids als Erinnerung.

Mit Festivals habe ich meine Probleme. Zu viele Leute, zu lange Umbaupausen oder Streß durch parallele Auftritte. Auch Chet Baker hat mit Festivals seine Probleme gehabt. Im Herbst 1985 ist er als eine der Hauptattraktionen des Jazz-Festivals in Leverkusen angekündigt. Ich finde den Betonbunker scheußlich, in dem er spielen soll. Heißt Forum und sieht aus wie ein mißglücktes Eisstadion. Aber ich habe auf diesem Festival schon viel gute Musik gehört. Jetzt freue ich mich auf Chet Baker. Doch wieder hält ihn etwas von seinem Auftritt ab. Philip Catherine und der Bassist sind da, von Chet keine Spur. Niemand weiß, wo er ist.

Im *Jazz-Podium* finde ich eine Anzeige, in der jemand gesucht wird, der in Leverkusen den Auftritt von Chet Baker mitgeschnitten hat. Ich schreibe dem Mann, daß Chet nicht dagewesen ist. So lerne ich Klaus kennen. Von Chet besessen wie ich. Aber auch ein besessener Sammler, der Aufnahmedaten und Besetzungen im Kopf hat wie andere Leute das Alphabet. Ich bin völlig erschlagen, welche Reichtümer an Konzertmitschnitten seine Sammlung birgt. Ich fiebere dem Briefträger entgegen, der mir das erste Päckchen bringen soll, mit Aufnahmen von Chet Baker zusammen mit dem legendären Saxophonisten Allen Eager 1984 in Amsterdam oder mit Dick Twardzik 1955 in Mainz oder von seinem Comeback 1973 im New Yorker Half Note, dem Gig, den ihm kein Geringerer als Dizzy Gillespie besorgt hat. Chet hatte damals nach jahrelanger Abwesenheit von der Szene gerade wieder angefangen, vor Publikum aufzutreten. Er mußte lernen, mit einem künstlichen Gebiß Trompete zu spielen, nachdem ihm ja 1966 in San Francisco bei einem Überfall die Vorderzähne ausgeschlagen wurden. Erst 1973 fand er wieder den Mut, um sich von der Westküste auf den Weg nach New York zu machen. Denn New York, das ist das Mekka der Jazzmusiker. Die Reise in eine ungewisse Zukunft startete er mit einer geliehenen Trompete und in einem klapprigen 66er Oldsmobile – mit Hand-Gang-Schaltung, wie in einer US-Zeitung aus jener Zeit extra erwähnt wurde. So, als wäre dies im US-Automatic-Land ein besonders anachronistisches Vehikel für eine Reise in die neue Zukunft. Chet Baker machte damals, 1973, in Denver, Colorado, einen Zwischenstopp, um mit seinem alten Kollegen, dem Tenor-Saxophonisten Phil Urso, zu spielen. Dort in Denver traf er auch Dizzy Gillespie. Der sah und hörte, daß Chet es wieder schaffen würde, aber daß er Hilfe brauchte. »Dizzy the Daddy« rief einfach in New York an und machte den Gig für Chet Baker klar: Eine Woche im Half-Note. Wie singt Frank Sinatra so richtig in einem berühmten Song: »If you can make it there – you gonna make it everywhere . . . New York – New York«.

Ich kann jetzt auf den Mitschnitten Chets Weg zurück in die Szene verfolgen. Sein Suchen, seine Mühen. Dieser Mann muß eine unheimliche Kraft haben. Und diese Kraft heißt

Musik. Sein Körper ist müde, ausgemergelt, fertig. Doch Chet zwingt sich, Trompete zu spielen. Dieser Wille zur Musik läßt ihn leben. »Ich spiele jeden Set als wenn es der letzte wäre«, sagt er in diesen Jahren oft. Aber auch: »Ich bin ein zufriedener Mann. Weil ich das Glück habe, Musik machen zu können.«

Seine Unsicherheit, das Comeback zu schaffen, höre ich deutlich auf einer Platte, die 1974 bei einem Gig mit Lee Konitz entstanden ist: »In Concert«. Ein Mitschnitt aus Ornette Colemans Loft in New York. Da gibt es jede Menge Mißverständnisse zwischen dem erst schüchtern spielenden Chet Baker und dem sofort souverän auftrumpfenden Lee Konitz. Bei »Walkin'« aber, dem letzten Stück, kommt schließlich doch ein triumphierendes Blues-Solo von Chet Baker.

Jeder von uns kennt unterschiedliche Tagesformen. Und jeder braucht auch seine ganz persönliche Atmosphäre, in der er sich wohl fühlt. Für Chet Baker hat dies besonders gegolten. Seine Sensibilität machte ihn total abhängig von der Umgebung, in der er gerade spielte. Schlechte Tonanlagen, mäßige Begleitmusiker, lärmendes Publikum konnten den sonst so sanften Mann fast ausflippen lassen. Wenn er aber in Form war und die Atmosphäre stimmte, wurden seine Konzerte zu Ereignissen. Egal, wie klein der Club oder in welcher Stadt er war. Ein solches Ereignis erlebte ich zum Beispiel in Dortmund. Wieder im Domizil.

Chet Baker tritt auf mit dem Trompeter Jon Eardley, einst in den USA sein Nachfolger im Gerry Mulligan Quartet, später einer seiner Freunde, die in Europa lebten. Dann ist da noch der junge Alt-Saxophonist Bob Mover. Und Piano, Baß und Schlagzeug. Eine ungewöhnlich große Besetzung für Chet Baker, dieses Sextett. Jon Eardley hat ein paar Arrangements geschrieben. Chet spielt souverän, macht Jokes mit den Riffs der Arrangements, freut sich über die Verwirrung seiner Kollegen, führt immer wieder herrliche Kollektiv-Improvisationen an. Noch Jahre später erinnert sich Bob Mover an diese gemeinsame Arbeit mit Chet. Der expressive Saxophonist erzählt, daß er von Chet Baker gelernt hat, lange Linien zu spielen. Und daß ihm das kollektive Improvisieren sehr viel Spaß gemacht hatte. Dies ist für ihn das Schönste gewesen.

Die gleiche Gruppe spielt auch in Köln. Im Salt-Peanuts, einem Club in der Südstadt. Von diesem Auftritt erscheinen auf *Circle* Mitschnitte auf Schallplatten. Das Salt-Peanuts gibt es nicht mehr. Heute ist in den Räumen der Crazy Club. Eine Disco, nehme ich an. Liegt gleich um die Ecke, wo Heike und ich in Köln wohnen. Ich komme dort oft vorbei. Und immer sehe ich Chet vor mir, wie er im Türrahmen steht, raucht und sich lächelnd mit Jon Eardley unterhält. Chet und Jon schmiedeten häufig Pläne für gemeinsame Projekte. Kaum eins davon ist je verwirklicht worden.

Anfangs der 60er suchte ich Chet Baker in Paris. Im berühmten Blue Note, wo Kenny Clarke damals spielte, oder im Le Chat Qui Pêche, dem Keller in der Rue de la Huchette. Überall fand ich Spuren von ihm. Fotos an den Wänden. Berichte von seinen Auftritten. Aber nie habe ich ihn damals selbst in Paris gesehen. Später hatte ich mehr Glück. Im Oktober 1987 fahre ich mit Heike nach Paris. Sie muß für Dreharbeiten ins Pariser ARD-Studio. Wir sind nur kurz in der Stadt, aber ich kaufe mir die *Semaine de Paris* mit den Veranstaltungstips. Man kann ja nie wissen. Und richtig – da steht es: »Jazz-Club New Morning – Chet Baker Quintet«. Genau an dem einen Abend, an dem ich in Paris bin.

Das New Morning ist ein toller Club. Nicht leicht zu finden, und die Gegend wirkt nachts ziemlich verlassen. Der

Club liegt in einer ganz kleinen Straße. Vor der Tür standen Müllsäcke, und die Tür quietschte jedesmal, wenn sie aufgemacht wurde. Aber hinter dieser Tür öffnet sich ein riesiger Raum. Erst sechs, sieben Reihen aus einfachen Holzbänken. Dann ein paar Stufen runter, viele Tische und Stühle. Ganz hinten durch, die große Bühne.

Chet liebt das New Morning. Und das Publikum liebt ihn. Er sagte einmal, als er in Cannes vor einem lauten, lärmenden Festival-Publikum auftreten mußte: »Im New Morning in Paris sind die Leute so leise, wenn wir spielen, daß man eine Stecknadel fallen hören kann.« Der meist so melancholische Mann ist in geradezu ausgelassener Laune in dieser Nacht. Er sagt nicht nur die Titel an, was in letzter Zeit ziemlich selten ist, er macht auch Späße mit dem Publikum, erzählt Stories. Er feiert einen Gast, der gerade Geburtstag hat, spielt für ihn ein großartiges Blues-Medley, das mit »Walkin'« anfängt, dann zu »Bag's Groove« wird und schließlich als »Billie's Bounce« endet. Ich bin hingerissen. Und hundert andere mit mir.

Chet Baker lächelt. Dieses wissende Lächeln, das soviel Liebe und Traurigkeit zugleich verrät. Er geht, während seine Begleiter spielen, auf der Bühne auf und ab, bleibt vor dem Schlagzeuger stehen, bläst Trompeten-Riffs gegen die Trommeln. Ich habe ihn selten so aufgekratzt gesehen wie in dieser Nacht im New Morning. Es war sein Club. Ein Heimspiel. Ein Nachbarschaftskonzert in Paris für den Mann aus Yale, Oklahoma, der mit seiner Trompete in die Welt zog – nicht um sie zu erobern, sondern um sie zu verzaubern. Und dieser Zauber wirkte weiter als der Ton seiner leisen, sanften Trompete schallte.

1987 wird auch im Kölner Subway wieder einmal ein Konzert mit Chet angekündigt. Also für mich ein Heimspiel: Das

Chet Baker/Teddy Edwards Quintet. Mein Freund Klaus kommt aus Frankfurt. Wir wollen das Konzert gemeinsam erleben. Chet soll zwei Tage spielen. Ich habe Karten für den ersten Abend. Das Subway ist randvoll. Der Besitzer ist schon wieder ziemlich nervös. Chet Baker ist noch nicht aufgetaucht. Gegen halb zehn drängen sich Teddy Edwards, der schwarze Saxophonist von der Westküste, und die Musiker der Rhythmus-Gruppe durch zum Bandstand. Chet ist nicht dabei. Aber die Band fängt an zu spielen. Plötzlich steht Chet Baker neben mir. Schaut auf die Bühne runter. Gott sei Dank, er ist also gekommen. Chet dreht sich um, setzt sich an die Bar, trinkt ein Bier. Ich freue mich. Gleich wird er auf der Bühne erscheinen. Teddy Edwards und die Band spielen jetzt ein zweites Stück. Die Nummer ist zu Ende. Da kommt der Club-Besitzer auf die Bühne, nimmt das Mikrofon und sagt, daß Chet Baker soeben den Club verlassen hat. Er wird heute nicht mehr auftreten. Die Gäste können sich, wenn sie jetzt gehen wollen, die Hälfte des Eintrittsgeldes wiedergeben lassen. Ein Schlag. Was war los? Chet ist beleidigt gewesen, daß die Band ohne ihn zu spielen angefangen hat. Es muß aber vorher schon Streit zwischen ihm und Teddy Edwards gegeben haben. Ich bin traurig. Teddy spielt weiter, als wäre nichts passiert.

Am nächsten Tag ist Chet Baker fast der erste im Club. Er spielt, als wollte er alles wiedergutmachen. Diesmal fehlt Teddy Edwards. In den Zeitungen wird in ernsthaften Kritiken das Konzert in den höchsten Tönen gelobt. Chet verlängert seinen Aufenthalt in Köln. Er will ein drittes Konzert geben. Schnell malt der Subway-Mann neue Plakate, hängt sie raus. Chet hat ihm gesagt, er muß nur tagsüber nach Amsterdam, wird aber abends zum Auftritt zurücksein. Am Abend ist aber weder Chet noch einer seiner Musiker im Club. Ich fahre in sein Hotel. Dort steht in der Hotel-Lobby das Musikergepäck herum, von den Gästen jedoch keine Spur. Auch am nächsten Vormittag steht das Gepäck noch genauso da. Ich erinnere mich an den Satz, den der Pianist Phil Markowitz einmal zu mir gesagt hat: »Chet is great in disappearing.«

Ich sehe ihn in Frankfurt wieder. Zwei Nächte im Dezember 1987 im Jazz-Keller. Mein Freund Klaus wohnt in der Nähe von Frankfurt. Er hat Karten besorgt für beide Abende. Gut, denn Chet-Baker-Konzerte in so winzigen Clubs sind schnell ausverkauft. Wir stehen in einer langen Reihe auf dem kleinen Platz vor dem Eingang des Jazz-Kellers. Warten, daß die Tür endlich aufgemacht wird. Als wir die Treppen zum Keller runtergehen, hören wir Trompetentöne aus einem Nebenraum. Diesen Sound kennen wir. Uns fällt ein Stein vom Herzen, Chet Baker ist also da. Er spielt sich schon warm.

Chet tritt auf mit Michel Graillier, Piano; Nicola Stilo, Flöte; John Schröder, Gitarre; Rocky Knauer, Baß, und George Brown, Schlagzeug. Chets Freundin Diane, mit der er in all den letzten Jahren durch die Welt gezogen ist, kommt mit ihm auf die Bühne. Sie setzt sich in eine Ecke. Chet hat ein etwas zerknittertes Sakko und eine gestreifte Hose an. Er trägt gern gestreifte Sachen. Er hat auch eine schmale Krawatte um, die er aber gleich, als er auf die Bühne steigt, abbindet und achtlos aufs Klavier wirft. Er sieht müde und abgespannt aus. Doch als er zu spielen anfängt, scheint diese Müdigkeit verflogen zu sein. Mit Feuer geht er seine Improvisationen an und reißt die Band mit sich. Ich sitze ganz vorn an der Bühne, direkt unter Chet. So dicht, daß sich mein Gesicht in seiner Trompete spiegelt. Er spielt jetzt eine »Bach Stradivarius«. Ich höre seine Trompete ganz direkt, fast unverstärkt durch Lautsprecher, weil ich so dicht unter ihm sitze. Der Sound ist wunderbar. Ich fühle geradezu seinen seidigen Ton. Schwebe auf Wolken.

Schon lange hat er »When I Fall In Love« nicht mehr gespielt. An einem der Abende singt und spielt er es. Sanft und voller Zauber. Aber wieder hat er Probleme mit dem Drummer. Er dreht sich oft um zu George Brown und fordert ihn durch Gesten auf, zurückhaltender zu spielen. Besonders bei den Balladen. Der junge Gitarrist John Schröder genießt es, mit Chet Baker zu spielen. Er steigert sich in seinen Solos. Chet spürt es, freut sich, nickt anerkennend dem jungen Gitarristen zu, sagt bei dessen Solos mit geschlossenen Augen vor sich hin: »Hey, John, yeah.«

Noch vor Mitternacht kündigt Chet den Titel »Round About Midnight« an. Das Publikum schmunzelt. Chet stutzt, schaut dann auf seine Uhr und grinst von der Bühne runter: »You have to be flexible. Stay flexible. Round midnight by Thelonious Monk.« Und ab geht Chets Reise durch Monks mysteriös-schönes Stück, das sich in der Interpretation von Chet Baker immer viel wärmer und romantischer anhört als in der anderer Musiker. Nach dem Ende eines anderen Stükkes will er den Titel nennen. Er fällt ihm aber nicht gleich ein. Er sucht. Ich sage ganz leise, direkt vor ihm sitzend: »Solar.« »Yeah«, nimmt Chet auf, »this was Solar.« Ich freue mich.

In der Nacht bringt mich Klaus in seinem Wagen zu dem Freund, bei dem ich in Frankfurt übernachte. Klaus hat das Konzert auf Kassette mitgeschnitten. Auf der Fahrt hören wir sofort in die Kassette rein. Der Weg vom Jazz-Keller in die Hans-Thomas-Straße, wo ich hin muß, ist nicht weit. Klaus und ich sitzen vor dem Haus im Auto und hören mitten in der Nacht die Kassette zu Ende. Wenigstens noch die eine Seite.

An den beiden Abenden im Dezember 1987 macht Chet Baker einen erschöpften, doch gelösten Eindruck. Sein Gesicht aber sieht aus, als wäre hinter der welken Haut kein Blut mehr. Tiefe Falten ziehen sich wie vernarbte Wunden durch sein Gesicht. Sein Haar ist dünn geworden. Nur wenn er singt, ganz nah am Mikrofon, ahnt man etwas von dem jungenhaften Gesicht des Chet Baker der 50er und 60er Jahre. Eine Ahnung, die weh tut. Was ist das für ein Preis, den dieser Mann hat zahlen müssen? Trotz alledem, ich sehe Schönheit, Wärme in seinem Gesicht. Aber ich sehe auch die Adern, die anschwellen, wenn er Trompete spielt. Adern, in denen Leben ist. Sie wirken verletzlich. Ich habe Angst um Chet Baker.

Silvester 1987/88 ist Chet Baker in Amsterdam. Er feiert und spielt im De Kroeg, einer Kneipe in der Nähe vom Melkweg. Ein Video-Freak hat Chet dabei interviewt. Was für ihn das Schönste des zu Ende gehenden Jahres gewesen ist? Chet grinsend: »Gettin' thru.« Was er erwartet von 1988? »Playin' trumpet.« Er wäre schon sehr, sehr zufrieden, wenn 1988 für ihn so werden würde wie 1987 . . .

Chet Baker ist in seinen letzten Jahren oft in Amsterdam. Er wohnt eine Zeitlang in einem Zimmer, das dem Trompeter Everet Hekkema gehörte. Und er liebt die Stadt. »Hier hat man den Eindruck, die Leute feiern immer, 24 Stunden am Tag, eine Party«, sagte er einmal.

Am 13. März 1988 fahre ich wieder nach Frankfurt. Chet Baker ist auf dem Deutschen Jazz-Festival als einer der Stars angekündigt. Die Festivalmacher wollen ihn zusammen mit dem expressiven schwarzen Tenoristen Archie Shepp auftreten lassen. Einem Musiker, der vom Free Jazz kommt und jetzt hymnische, explosive Blues-Balladen spielt und shoutet. Chet Baker als Trompeter in Archie Shepps Band. Mich erinnerte diese Art der »Paarung« an Norman Granz, dem Jazz-Promoter der 50er Jahre, der nicht nur durch seine »Jazz At The Philharmonic«-Konzerte von sich reden machte, sondern auch durch seine Manie, bei der Auswahl der Musiker Stilbrüche zu inszenieren und Wutausbrüche zu provozieren. So stellte er beispielsweise dem lyrischen Lester Young den schrillen Illinois Jacquet zur Seite. Oder dem genialen Charlie Parker den schlichten Willie Smith.

Ich war gespannt auf Chet Baker/Archie Shepp. Schon wie sie auf die Bühne kommen, hätte nicht unterschiedlicher sein können. Der Tenorist schreitet auf die Bühne, mit weiten raumgreifenden Gesten. Bleibt stolz in der Mitte der Bühne stehen. Chet Baker huscht fast unbemerkt auf die Bühne, setzt sich rechts von der Mitte auf einen Stuhl. Wartet ab. Archie Shepp macht den Master of Ceremonies. Seine Ansagen sind so überdreht übertrieben, daß ich nicht sicher bin, ob er sich nicht lustig machen will. Nach dem ersten kurzen Solo von Chet greift sich Archie das Mikro und shoutet in den Saal: »Chet Baker. Ladies and Gentlemen, the great Chet Baker.«

Archie Shepp sagt das nächste Stück an und verkündet, daß »Mr. Chet Baker« nicht nur ein großer Trompeter ist, sondern auch ein großer Balladensänger. Und er wird jetzt »My Ideal« singen. Doch als sie das Stück spielen, geht bei Archie Shepp die Spiellaune oder sonstwas durch, und er bläst Chorus für Chorus, verdoppelt dabei das Tempo, seine Band folgt ihm, sie verwandeln den alten Standard in eine jumpende Blues-Nummer. Für Chet Baker bleibt kein Raum – schon gar nicht, um zu singen. Er sitzt einfach auf seinem Stuhl, dreht sich nur manchmal belustigt um zu dem wild trommelnden Clifford Jarvis. Schüttelt den Kopf.

Dieses Frankfurter Konzert im März 1988 wurde nicht zu seinem Konzert. Er spielte wenig, was im Publikum Rufe nach Chet Baker provozierte. Chet ließ sich aber nicht provozieren. Er blieb cool. Später erfahre ich, daß er an diesem Tag schon vormittags in Frankfurt war, dann aber nach Mailand geflogen ist, um sich einen Alfa Romeo zu kaufen. Eine gebrauchte Alfa Romeo Giulietta. Mit diesem Auto ist er dann erneut nach Frankfurt gefahren und kam erst unmittelbar vor seinem Auftritt an. Unterwegs hatte er noch eine Panne gehabt. Es blieb sein Geheimnis, warum es unbedingt notwendig war, an diesem einen Tag die Strecke Frankfurt–Mailand–Frankfurt machen zu müssen.

Aber das war eben Chet Baker. So schildern ihn auch Kollegen aus den gemeinsamen, frühen Jahren. Er machte nur das, wozu er gerade Lust hatte, Konventionen waren ihm fremd. Was zählte, war Spaß. Und zwar jetzt und sofort. Gerry Mulligan erinnert sich, daß Chet in den 50ern nach ihren nächtlichen Auftritten im Haig morgens zum Segeln ans Meer fuhr. Immer in einer großen Clique von Beach-Boys und -Girls. Er machte das tagelang, und Gerry hatte keine Ahnung, wann Chet einmal schlafen würde. Seine Kondition ließ nach. Auch sein Ansatz wurde durch den exzessiven Lebensstil nicht besser. Chet schien das nicht zu kümmern. Gerry Mulligan ärgerte sich darüber. »Mann, vielleicht versuchst du es mal mit Schlafen«, hatte er damals zu ihm gesagt.

Nach dem Frankfurter Konzert waren Chet Baker und Archie Shepp für das New Morning in Paris gebucht. Peter Huijts, Chets Road-Manager, brachte all seine Überredungs-Künste auf, um Chet dazu zu bewegen, nicht mit dem Alfa zu fahren, sondern mit dem Flugzeug nach Paris zu fliegen. Er wollte, daß Chet wenigstens eine Nacht schläft, um in Paris ausgeruhter als in Frankfurt zu sein. Schließlich willigte Chet ein, und Peter Huijts fuhr Chets Alfa nach Paris, während der auf Peters Ticket flog. In der Tat, das Konzert in Paris wurde besser, ausgewogener. Ein ausgeruhter Chet Baker konnte sich gegen den voluminös-ausladenden Archie Shepp nicht nur behaupten, sondern der lyrische Trompeter prägte mit seiner Kunst des understatements den Stil der Gruppe. Der Magier setzte sich durch. Wieder einmal. Du kannst es hören. Es gibt Ausschnitte aus beiden Konzerten auf einer Schallplatte. Und diese Schallplatte heißt:

»In Memory Of«. Zum Gedächtnis.

Über Nacht zum Star: Chet Baker. Mit Jack Montrose in Hollywood, Dezember 1953. (Foto: William Claxton)

Der lyrische Trompeter: Chet Baker mit Bob Neel, Russ Freeman. Hollywood, 1953. (Foto: William Claxton)

Live at The Haig, Los Angeles, 1953: Gerry Mulligan, Larry Bunker, Chet Baker, Lee Konitz. (Foto: William Claxton)

Im Studio in Hollywood, Dezember 1953: Chet Baker, Jack Montrose, Herb Geller. (Foto: William Claxton)

Chet Baker, Caterina Valente. Titelblatt der Gondel-Beilage, Januar 1956.

Wiedersehen in einem US-Club in der Pfalz, März 1956: Gerry Mulligan und Chet Baker. Bill Crow am Baß.

1960 in einer Klinik in Lucca, Italien: Ein Arzt bemüht sich um seinen suchtkranken Patienten Chet Baker. Die Therapie endet in einem Desaster: Arzt und Patient werden verhaftet. Chet Baker wird zu 15 Monaten Gefängnis verurteilt.

Anfang 1960 lernt Chet Baker in Mailand die Engländerin Carol Jackson kennen. Sie wird seine dritte Frau nach Charlaine und Halema. Chet Baker bleibt ihr und den gemeinsamen drei Kindern bis zu seinem Ende verbunden.

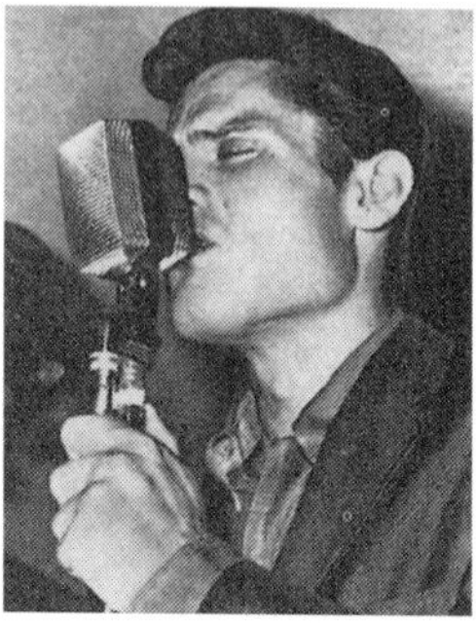

»I fall in love too easily . . .« in Chets sanfte Stimme ve
liebte sich nicht nur Carol.

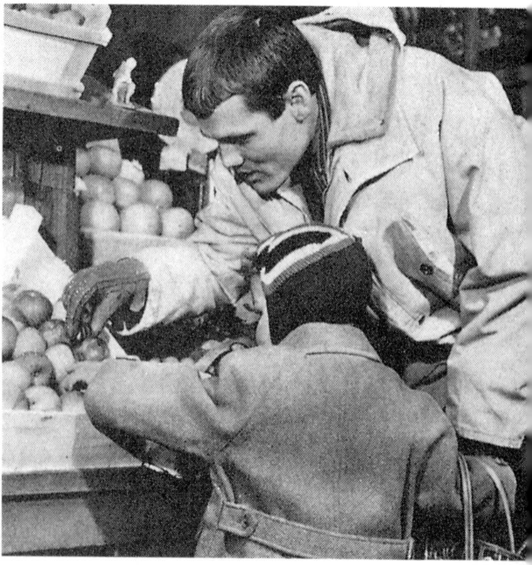

Seine Musikalität hat sein Sohn aus der Ehe mit Halema geerbt: Chet und Sohn Chesney Aftab Baker, Italien, ca. 1960.

Chet Baker mochte das Leben in Europa, besonders in Italien. Erinnerungen an die kalifornische Sonne? Chet und Carol, Italien, 1960.

»When I was in prison in Lucca I had my horn with me . . . so I was cool.« Chet Baker in Lucca, Italien, 1961.

Im Blue Note, Paris, 1962. (Foto: Jean-Pierre Leloir)

Opium bei Berliner Ärzten erschlichen

Chet Baker verhaftet!

(Fortsetzung von Seite 1)

Dann aber sah es so aus, als ei der 34jährige Chet Baker on seiner Rauschgiftsucht ge-eilt.

Am 21. Januar traf Chet Baker n Berlin ein. Von der großen Ge-neinde der Jazz-Freunde begei-tert begrüßt.

Am Mittwochabend trat er um zweitenmal in unserer Stadt

uf. In dem Jazz-Lokal „Blue ote" in der Uhlandstraße.

Bleich und hohlwangig. Er pielt ein Flügelhorn. Seine Goldene Trompete" ist ihm ge-tohlen worden. Sein Gesicht ist chmerzverzerrt. „Ich habe ein Gallenleiden", sagt er der „BZ. Die Arbeit fällt mir sehr chwer."

Ob er heute noch Rauschgift immt? „Nein", sagt der blasse Mann, „nein – im Augenblick edenfalls nicht."

Wenige Stunden später wurde der Amerikaner von Berliner Kriminalbeamten festgenommen. Er hat doch wieder Rauschgift genommen.

Das Vortäuschen von schwerer Krankheit hat der süchtige Chet Baker im Laufe der Jahre gelernt. Und er hat das Glück – oder Pech – immer wieder Ärzte zu finden, die ihm glauben. Die ihm Opiate verschreiben, ohne die dieser Mann nicht mehr leben kann.

Chet Baker hatte noch den jubelnden Beifall aus dem „Blue Note" in den Ohren, als sich die Tür einer Zelle im Schöneberger Polizeigefängnis hinter ihm schloß. Aber er kennt den Aufenthalt in Polizeizellen nur zu gut. Zu oft schon war der Süchtige verhaftet, in Anstalten eingewiesen und aus fremden Ländern abgeschoben worden.

Auch jetzt droht dem 34jährigen Amerikaner wieder eine Gerichtsverhandlung. Und die Verurteilung wegen Verstoßes gegen das Opiumgesetz. Und wieder die Abschiebung und das damit verbundene Aufenthaltsverbot in der Bundesrepublik. L. R.

Gastspiel im „Blue Note"

Foto: Simon

Aus der BZ, Berlin, 23. Januar 1964

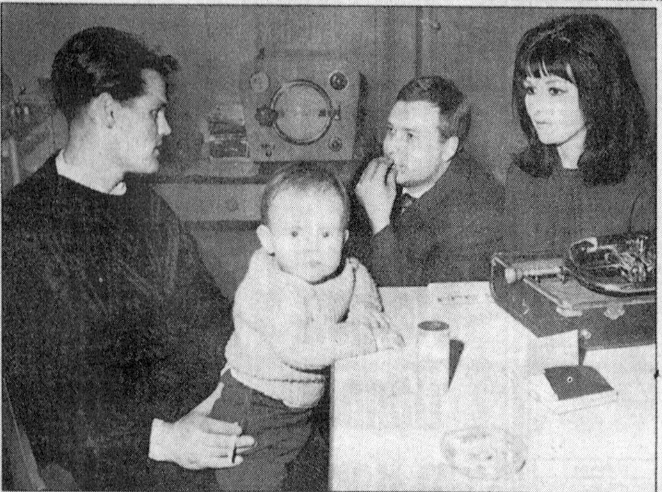

Im Sprechzimmer der Heilstätten erklärt Baker dem Reporter, wie sehr er auf sein Instrument gewartet hat: „Wenn ich nicht täglich übe, werden meine Lippen weich." Von den Ärzten hat er die Genehmigung zum Spielen, falls es die anderen Patienten nicht stört. Fotos: LILO FRANK

„Mein Weihnachtsgeschenk", sagt Baker. Der kleine Dean kam zu Weihnachten vor einem Jahr zur Welt.

Wiedersehen mit Frau und Kind

Krankenbesuch bei Chet Baker

Von HANS-DIETER NELTE

Berlin, 1. Februar

Hinter den Mauern der Wittenauer Heilstätten gab es gestern ein erschütterndes Wiedersehen: Chet Baker, der rauschgiftsüchtige Star-Trompeter aus Amerika, konnte endlich seine 23jährige Ehefrau Carol in die Arme schließen, er konnte seinen Sohn Dean auf den Knien wiegen und er durfte wieder auf seinem Flügelhorn spielen.

Als seine Frau ihm das Instrument in die Hand drückte, gelang es ihm nur mit Mühe, die Tränen zurückzuhalten. Ein Berliner Freund des Musikers hatte Carol Baker und den 15 Monate alten Jungen mit dem Auto aus Paris abgeholt. Sie kam ohne einen Pfennig nach Berlin. Ihr Mann, der zu den besten Jazzmusikern der Welt zählt, ist bettelarm.

Vor Gericht (der Termin für die Verhandlung steht noch nicht fest) wird ihn ein Offizialverteidiger vertreten.

Früher hatte Baker mit seiner Musik Millionen verdient. Aber das Geld wurde von ihm genauso in Rauschgift umgesetzt, wie seine goldene „Trompete". Von dem Instrument hieß es, es sei ihm gestohlen worden.

„Ich werde nie wieder zur Spritze greifen", sagte der sympathische 31jährige gestern zu BILD. Er hatte es schon oft versprochen. Aber diesmal scheint es ihm ernst zu sein damit. „Ich wollte zehn Tage in Berlin bleiben und im Jazz-Club Blue Note Geld verdienen für eine Operation im amerikanischen Hospital in Paris."

Er glaubt an Krebs und hat eine furchtbare Angst vor der Krankheit. „Weil die Schmerzen so stark wurden, ließ ich mir ein Betäubungsmittel vom Arzt verschreiben."

Dieses Betäubungsmittel fällt unter das Opium-Gesetz. Ein Pharmakologe der Freien Universität: „Es ruft eine schwere Arzneimittelsucht hervor." Der süchtige Musiker hat sich in Berlin von dieser Droge 40 Ampullen besorgt. Sie wurden von ihm in einer Nacht verbraucht!

Wegen Vergehens gegen das Opium-Gesetz hat der Generalstaatsanwalt deshalb Anklage gegen Chet Baker erhoben. In der Anklageschrift sind die Namen von sechs Berliner Ärzten genannt, die der Musiker aufgesucht hatte. Den fünf letzten Ärzten hatte er bei seinem Besuch die vorangegangenen Rezeptverschreibungen verschwiegen.

Vor seiner Einweisung in die Karl-Bonhoeffer-Heilstätten in Wittenau war der Jazz-Trompeter von einem Gerichtsmediziner untersucht worden. In dem Gutachten heißt es:

Sollte er strafbare Handlungen begangen haben, die mit dem Bezug der Medikamente zusammenhängen, so kann er hierfür nicht voll verantwortlich gemacht werden.

Chet Baker wird also wegen seiner Rauschgiftsucht voraussichtlich nicht bestraft werden. Aber ihm droht die Ausweisung aus Berlin. Er war im Juni 1962 von einem Münchener Gericht zu drei Jahren Aufenthaltsverbot für die Bundesrepublik und das Land Berlin verurteilt worden.

Jetzt hofft der prominente Musiker, daß ihm die Berliner Behörden eine Chance geben. Er möchte in Berlin endgültig von seiner Sucht befreit werden und unter ärztlicher Kontrolle bald wieder im Wilmersdorfer Jazz-Club „Blue Note" auftreten können. Beim Abschied gestern zu BILD: „Es geht mir schon besser. In den ersten Tagen konnte ich nichts essen. Nur Milch und Eier. Aber jetzt kommt schon der Appetit wieder."

Chet Baker ist glücklich. Seine Frau hat ihm das Flügelhorn mitgebracht.

Sie treten traurig den Rückweg an. „Wann werden wir unseren Vati wiederhaben?"

Aus der BILD-Zeitung, Berlin, 1. Februar 1964

Schon zu Lebzeiten eine Legende: Chet Baker nach seinem Comeback Mitte der 70er.

Der sanfte Rebell: Chet Baker im Onkel Pö, Hamburg, 1979. (Foto: Brigitte Behrend)

In Ancona, Italien, November 1985. (Foto: Carlo Pieroni)

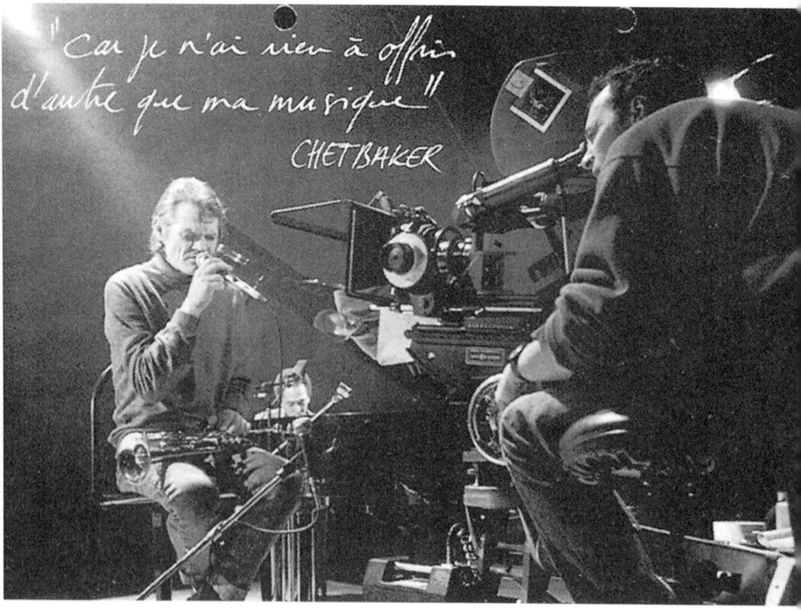

Szenenfoto aus »Chet's Romance« von Bertrand Fêvre, Paris, 1987.

Die Nacht vom 22. auf den 23. Dezember 1987: Mit Michel Graillier (oben rechts). Chet's last Birthday party: George Brown, Nicola Stilo, Chet und Diane Vavras, Solingen, Flamingo-Club. (Fotos: Jürgen de Waal)

Last meeting: Chet Baker und Archie Shepp im »New Morning«, Paris, 14. März 1988. (Foto: Carlo Pieroni)

**Fast schon ein Abschied: Chet Baker in Frankfurt, März 1988.
(Foto: Calle Hesslefors)**

Coda

Lament for Chet

An einem Sonnabendnachmittag ruft mich Anja, meine Tochter, an. Das mit Chet Baker täte ihr leid für mich. Wieso, was tut dir leid? »Ach so, ich dachte, du weißt das längst. Chet Baker ist tot.« Nein, ich wußte es noch nicht. Sie sollen es aber im Radio gebracht haben. Ich schalte das Radio ein. Nachrichten zur vollen Stunde:

»Der amerikanische Jazz-Trompeter Chet Baker ist in der Nacht von Donnerstag auf Freitag in Amsterdam bei einem Sturz aus einem Hotelfenster ums Leben gekommen. Der 58jährige Trompeter hatte seit Jahren Drogenprobleme.«

Nun wußte ich es also. Und gleichzeitig wußte ich nichts. Ich bin geschockt von der Meldung. Und geschockt von der Tatsache. Daß einmal etwas passieren würde, ahnte jeder, der ihn sah. Man vergaß und verdrängte es aber, wenn man ihn hörte.

Am Freitag, dem 13. Mai 1988, zwischen zwei und halb drei Uhr nachts ist Chet Baker gestorben. Nach einem Sturz aus einem Fenster im zweiten Stock des Hotel Prins Hendrik an der Prins Hendrikkade in Amsterdam. Sein Zimmer ging nicht zur Prins Hendrikkade raus, sondern zur hinteren Parallelstraße. Dort fanden Fußgänger den am Kopf blutenden Mann am Boden liegend. Man versuchte, Hilfe im Hotel zu holen. Es öffnete aber niemand. Die Passanten alarmierten von einer benachbarten Gaststätte telefonisch die Polizei.

Ich habe mir an diesem Sonnabend und an den folgenden Tagen alle Zeitungen, die ich nur bekommen konnte, geholt. In einer holländischen Zeitung sehe ich ein Bild des toten Mannes, der auf der Straße in seinem Blut liegt. Ich sehe es und will es nicht sehen. Über die Ursache seines mysteriösen Sturzes wird spekuliert. Unfall? Selbstmord? Mord? Ich höre auch davon, daß Chet gar nicht von drinnen nach unten gestürzt ist. Sondern bei dem Versuch, die Fassade hochzuklettern, um sein Zimmer von draußen zu erreichen. Er soll sich nach einem Streit mit dem Hotelier nicht mehr getraut haben, das Haus durch den Eingang zu betreten. Gerüchte, Spekulationen. Sind sie wichtig? Chet Baker ist tot.

Ich stehe vor dem Hotel Prins Hendrik in Amsterdam. Ein kleines Hotel, untere Mittelklasse, bürgerlich. Schräg gegenüber ist die Central Station, der Hauptbahnhof. Gleich um die Ecke fängt der Zeedijk an, die Straße, die so berühmt ist, weil es in ihr soviel Traurigkeit gibt. Ein paar junge Touristen stehen am Anfang des Zeedijk um einen Schwarzen herum. Silberne Päckchen huschen von einer Hand in eine andere. Der schauerlich-schöne Grusel steht den Touristen ins Gesicht geschrieben. Sie verschwinden.

Ich gehe die schmale Straße entlang, die der Prins Hendrikkade gegenüberliegt. Ich zähle die Häuser, blicke an den Häusern hoch. Das Fenster ist ein Fenster zum Hochschieben gewesen. Es soll nur ca. 25 cm hochgeschoben gewesen sein. Alle Fenster auf der zweiten Etage sind jetzt geschlossen. Aber hier, hier irgendwo ist ein Engel abgestürzt. Vor den Häusern, auf beiden Seiten der kleinen Straße, sind Pfähle in den Boden gerammt – dicht nebeneinander. Etwa ein Meter hoch. Ich gehe wieder nach vorn, um die Häuser herum. Schaue in das Hotel rein. Kleiner, kahler Empfang. Kurzer, hoher Tresen, dahinter ein älterer Mann. Er ordnet Papiere. Da liegt auch der Block mit den Anmeldeformularen. Auf eines dieser Formulare hat Chet zum letzten Mal Name und Wohnort geschrieben. Und wie immer hat er auch bei diesem letzten Mal geschrieben:

C.H. Baker – Yale, Oklahoma

Das war's. Das war alles. Es stimmte und sagte gar nichts. Yale ist Chets Geburtsort gewesen. In Yale, Oklahoma, kommt er am 23. 12. 1929 zur Welt. Geht mit seinen Eltern als Zehnjähriger nach Los Angeles. Den Vater, Country-Gitarrist in Oklahoma, treibt die Wirtschaftsdepression der 30er Jahre nach Kalifornien. Er hatte bei der Flugzeug-Firma Lockheed einen Job gefunden. Yale, Oklahoma und Los Angeles, California, das waren einmal Wohnorte des Chesney Henry Baker. Das »Zuhause« des Musikers aber wurden die Jazz-Clubs, die Konzertsäle, die Studios. Immer fuhr er gerade von »out of nowhere« nach Irgendwo.

Wenn er in Amsterdam war, wohnte er zuletzt meist im Barbizon Palace auf dem Damrak, ein luxuriöses, großes Hotel. Diesmal hatte sein holländischer Road-Manager Peter Huijts für ihn das Memphis-Hotel in Amsterdam gebucht. Von Donnerstag, den 12., auf Freitag, den 13. Mai 1988. Am Abend des 12. Mai sollte Chet Baker bei einem Konzert in Laren auftreten. Warum ist Chet ins Prins Hendrik gegangen? Er kam am Donnerstag, nachmittags, mit dem Zug aus Rotterdam an. Dort hatte er bei dem Holländer van der Feyst gewohnt. Ein Mann, bei dem oft Jazzmusiker übernachteten. Kurz zuvor gerade der unglückliche Woody Shaw.

Van der Feyst war an diesem Donnerstag unterwegs, um Chets Alfa zu holen. Die Polizei hatte ihn gefunden. Chet hatte sein Auto irgendwo in Rotterdam geparkt, wußte nicht mehr wo, bat die Polizei, es zu finden. Chet war aber zu kaputt, um es selber abzuholen. Als van der Feyst mit dem Auto zurückkam, war Chet Baker nicht mehr in der Wohnung. Die beigefarbene Alfa Romeo Giulietta stand noch tagelang vor van der Feysts Haus herum.

An jenem Donnerstag, es war ein Feiertag, Himmelfahrt, haben die Konzertveranstalter und das Publikum vergeblich auf Chet Baker gewartet. Diesmal zum letzten Mal. Peter Huijts macht sich auf die Suche. Am Freitag, dem dreizehnten, fährt er mit den schlimmsten Befürchtungen nach Amsterdam. Seine Information: Die Polizei hatte in der Nacht einen toten Mann auf der Straße gefunden. Für die Polizisten war es »eine männliche Person, etwa Mitte 30, die eine Trompete bei sich hatte«. Für Peter Huijts wurden die Befürchtungen zur Gewißheit, als er auf der Polizeistation den Trompetenkoffer sah. Die »männliche Person« war Chet Baker, 58 Jahre alt, ein Idol. Auf dem Platz vor dem Hotel kommen mir die Szenerie, das Geschehene unwirklich vor. Wieder habe ich einen Kloß im Hals.

Ein paar Schritte weiter vom Hotel ist ein Café. Im Fenster vor den verrauchten Gardinen steht ein Bild von Chet. Daneben ein Blumenstrauß. Im Jazz-Inn, dem gutsortierten Amsterdamer Plattenladen, haben sie in den Wochen nach seinem Tod fast keine Platten von Chet Baker. Nicht mehr. »Chet is a big seller these days.« Der Ruhm, der zu spät kommt. Das Geld, das er hätte verdienen können, machen andere. Schon zu seinen Lebzeiten ist er immer wieder um das Geld für seine Platten gebracht worden.

Paolo Piangiarelli, der engagierte, herzliche Promoter und Produzent in Macerata, Italien, liebt Chet über alles. Er hat große Pläne: Er will immer weiter neues Chet-Baker-Material postum auf seinem *Philology*-Label veröffentlichen, um so das Andenken an den »Wandering Poet« lebendig zu halten. Paolo Piangiarelli versichert, daß Chets Witwe und seine drei Kinder in Stillwater, Oklahoma, an den Erlösen beteiligt werden. Er meint es gut, der gute Paolo. Aber er bekommt selber kaum sein Geld von den Leuten, die seine Platten vertreiben und verkaufen sollen.

Wim Wigt, der holländische Produzent und Manager, sagt, daß er Chet Baker immer gut und angemessen bezahlt hat. Im April 1988 gerade erst eine Abschlagszahlung von mehreren tausend Gulden. Als Chet Baker am 13. Mai tot aufgefunden wird, hat er fast kein Geld mehr bei sich.

Nach seinem Tod kommt eine Flut von neuen Platten auf den Markt. Wirklich neuen und wiederveröffentlichten. Und es sind immer noch neue Veröffentlichungen zu erwarten. Auch ich warte auf sie. Früher waren es Lebenszeichen von Chet. Und heute? Ich schäme mich fast, wenn mir das Angebot, das unüberschaubare große Angebot an Schallplatten in den Geschäften, wie zweite Wahl vorkommt. Denn Chet Baker ist tot. Manchmal sehe ich noch »neue« Platten, CDs mit »previous unreleased takes«. Sie machen mich traurig. Ich werde ihn, der so wundervolle Musik machte, nie wieder sehen, hören, sprechen können. Seine Musik kommt zu mir wie aus einer anderen Zeit. Einer Zeit, die mit einem Schlag brutal zu Ende gegangen ist. Aber sie bestimmte meine Jugend und mein ganzes erwachsenes Leben. Gab mir Freude, Liebe. Mut.

Auf dem Inglewood Cemetery in Los Angeles ist Chet Baker zu Grabe getragen worden. Er wurde von Schiphol, Flughafen Amsterdam, nach Los Angeles überführt. Ich lese, daß der Fotograf Bruce Weber die Überführung und die Beerdigung bezahlt hat. Bruce Weber arbeitete zu der Zeit gerade an einer Filmdokumentation über Chet Baker.

Everett Hekkema, der holländische Freund und Kollege, soll dem toten Chet am offenen Sarg noch eine Krawattennadel mit einer Trompete angesteckt haben. Die holländischen Freunde wollten eigentlich, daß er auf seine letzte Reise gehen sollte, wie wir ihn alle in Erinnerung hatten: in Blue Jeans und T-Shirt – der sanfte Rebell. Seine Mutter bestand aber darauf, daß er in einem Anzug mit weißem Hemd und Krawatte nach Hause kommt.

You Can't Go Home Again. Chet hatte vor, sich in Europa ein Zuhause zu schaffen: »I just feel freer there, that's all.« Und er hatte einen Traum: ein Haus für sich, in dem auch ein Klavier stehen sollte. »I want to write some tunes.« Bei Amsterdam, in Almere, hatte er sich schon ein Haus angesehen. Der Pianist Joachim Kühn berichtet, daß Chet sich auch in dem Dorf bei Paris, wo er wohnt, nach einem Haus erkundigt hat. Kühn: »Das wäre toll gewesen, mein Hero in meinem Dorf.« Es blieben Träume.

Seine Familie steht am Grab in Los Angeles. Vera Baker, die Mutter. Carol, die Witwe. Dean, Paul und Melissa, die Kinder. Ein paar Freunde, Kollegen, Neugierige. Jack Sheldon, der Trompeter und Freund aus den frühen 50ern in L.A., sollte am Grab spielen. Er ist nicht gekommen.

In Hamburg hat eine Jazz-Oper Premiere. Herb Geller hat sie für seinen Freund Chet Baker geschrieben. Ricardo del Fra, der italienische Bassist, der viel mit Chet gespielt hat, widmet ihm eine Platte: »A Sip Of Your Touch«. Georgie Fame, der Sänger, bringt eine Platte heraus, auf der er berühmte Chet-Baker-Solos Note für Note nachsingt. Dazu sein eigenes »Lament For Chet«. Auf einer CD der Kölner Rock-Gruppe »Rausch« finde ich den Titel »Who Killed Chet Baker?«. John Scofield, Mike und Randy Brecker widmen eine Platte dem toten Kollegen: »Some Other Times«. Und der deutsche Jazz-Sänger Norbert Gottschalk singt »Leaving«, die Komposition von Richie Beirach, die Chet so sehr geliebt und so oft gespielt hat. Norbert Gottschalk hat den Text zu »Leaving« geschrieben. Rocky Knauer, häufig Bassist bei Chet, wollte ihm diesen Text geben. Chet hat ihn nicht mehr singen können. Im *Downbeat*, dem amerikanischen Jazz-Magazin, dessen Leser Chet Baker 1954 zum »Trompeter Nr. 1« gemacht hatten, wählen ihn die Leser von 1989 in die »Hall Of Fame«. Eine Ehre, die nur den ganz Großen des Jazz zuteil wird.

Ich ertappe mich noch immer dabei, Veranstaltungshinweise nach Chet Baker zu überfliegen. Und manchmal gibt es wirklich auch Hinweise. Im Jahr seines Todes kommt der Film »Let's Get Lost« von Bruce Weber heraus. Premiere auf dem Festival in Venedig. In Deutschland zum ersten Mal bei den Berliner Filmfestspielen im Februar 1989.

Heike, meine Frau, ist in Berlin. Sie ruft mich mittags zu Hause in Köln an: »Ich könnte für Let's Get Lost, heute abend, noch eine Karte bekommen. Muß es aber gleich wissen. Bin gerade im Pressezentrum der Festspiele.« Ich setze mich in mein Auto, immer noch ein Alfa Romeo, und fahre sofort nach Berlin. Wieder unterwegs. Noch einmal wegen Chet Baker.

Abends im Delphi-Kino bin ich so aufgeregt wie bei einem seiner Konzerte. Zwei Stunden Chet Baker. Aber mein Gott, was hat Bruce Weber aus seinem Material, diesen Möglichkeiten gemacht. Drugs and Girls. Und ansonsten ein schlechter Sohn und Vater. Ja, und Trompeter war er auch noch. Manchmal blitzt es auf in dem Film, Chets Musik, seine Liebe und Wärme. Aber dann versinkt alles wieder in schwankenden Kamerafahrten über Fotowände, und schlimmer noch: Die Musik wird zugequatscht von eitlen Frauen, die sich mit seinem Ruhm schmücken. Trotzdem, ich habe ihn oft gesehen, den Film »Let's Get Lost«. Es ist Chets Film. Und er war stolz darauf. Er war auch früher schon an Filmen beteiligt. Als Schauspieler oder Musiker. Oder beides. Aber es waren zwei- und drittklassige Filme, in denen er obskure Rollen hatte. In dem US-Streifen »Hell's Horizon« mimt er einen trompetenden GI. Und in einem italienischen Film mit Andriano Celentano einen etwas verrückten Amerikaner. Ende der 50er sollte er in der Hollywood-Produktion »All The Fine Young Cannibals« sich selbst spielen. Aber Chet wurde vor Drehbeginn verhaftet, setzte sich nach der Entlassung 1959 nach Italien ab, sicher auch, um weiteren Verfolgungen in den USA zu entgehen. Der Film wurde mit Robert Wagner abgedreht.

Von Konzertmitschnitten, Interviews auf Video und einem wunderschönen, leider nur zehn Minuten kurzen Film, »Chet's Romance«, des französischen Regisseurs Bertrand Fevre abgesehen, bleibt »Let's Get Lost« der einzige Film über Chet, an dem er selbst hat mitwirken können. Er hat ihn nicht mehr sehen können. Aber während und nach den Dreharbeiten erzählte er oft von diesem Film. Er freute sich auf die Premiere bei den Festspielen in Venedig, September 1988. Eigentlich wollte Bruce Weber den Film schon auf dem Festival in Cannes im Mai vorstellen. Doch auch diese Premiere hätte Chet Baker nicht mehr erlebt. Im Januar erzählte er noch einem dänischen Journalisten von dem Film, von der geplanten Premiere in Cannes und davon, worum es in dem Streifen gehen sollte: »Kind of documentary around my life.« In demselben Interview sagte er auch, daß es bald ein besonderes Konzert in »Hannover, Germany« geben würde: »In April I'll play with the Deutsch Nordfunk Orchestra.« Gemeint hatte er ein Konzert mit der NDR-Big-Band und dem Radio-Orchester Hannover. Chet Baker als Solist vor Big-Band und Streichern. Er hatte keine Ahnung, welche Stücke sie für ihn arrangieren würden. »I'll just go there. Play, when they say – stop, when they say. It's a challenge to play with an orchestra. Hard work – but fun.«

Das Konzert fand statt am Donnerstag, dem 28. April 1988, im Funkhaus Hannover. Zur Probe konnte Chet nicht erscheinen, weil ihn die Pförtner nicht ins Haus hineingelassen hatten, schreibt der Produzent auf einer der beiden Platten, die das wunderbare Konzert dokumentieren. Chet Baker spielt an diesem Abend geradezu überirdisch schön, mit einem reinen, sanften Ton voll tiefer Magie. Man hatte seine Musik vorbereitet. Stücke, die er in den letzten 35 Jahren immer wieder gespielt hatte: »Look For The Silver Lining«. Oder »Summertime«. »In Your Own Sweet Way«, »Conception«, natürlich auch »My Funny Valentine«. Und er singt einen Song, mit dem er 1953 in Los Angeles zum ersten Mal als Sänger vor dem Mikrofon eines Studios stand: »I Fall In Love Too Easily«.

Es war, als hätte sich Chet Baker mit diesem großen, außergewöhnlichen Konzert selbst verabschieden wollen. Vielleicht haben auch die Musiker und Zuhörer gespürt, wie nahe das Ende war. Viele hatten an diesem Abend Tränen in den Augen. Er hat die Menschen mit seiner Musik ins Herz getroffen.

I cry for you.
But I'll allways look
for the silver lining.
Thank you so much,
Chet Baker.

Diskographie

Ausgewählte Compact Discs

Es ist bei der Flut von Platten nicht einfach, den Überblick zu behalten. Chet Baker hat über 150 Schallplatten eingespielt. Viele dieser Platten sind auf kleinen Labels erschienen, und sie waren deshalb schon immer nur schwer zu bekommen. Zusätzlich kursieren unter den Chet-Baker-Fans Hunderte von »Private Recordings«, wobei es sich meist um Mitschnitte von Club-Auftritten handelt. Dann gibt es noch eine unüberschaubare Zahl von privat mitgeschnittenen Radioübertragungen von Chet-Baker-Konzerten.

Die Dänen Hans Henrik Lerfeld und Thorbjorn Sjogren haben sich der großen Mühe unterzogen, eine umfassende Diskographie mit allen ihnen bekannten Chet-Baker-Aufnahmen zu erarbeiten: CHET – The Discography of Chesney Henry Baker. Herausgegeben 1985 und vertrieben von Tiderne Skifters Publishers, Copenhagen, Denmark. Noch zu Lebzeiten Chet Bakers sind viele dort nicht erfaßter Aufnahmen erschienen. Und erst recht nach seinem Tode kamen und kommen immer wieder Aufnahmen heraus, die nie zuvor veröffentlicht worden sind. Dabei sind es gerade wieder kleinere Labels, die sich um die Hinterlassenschaft Chet Bakers kümmern. Zum einen das spanische Label, Jordi Pujols *Fresh Sound* in Barcelona, das sowohl Wiederveröffentlichungen als auch Neues herausbringt, oder Paolo Piangiarellis Label *Philology* in Macerata, Italien. Und Michael Cuscuna, der Producer des US-Labels *Mosaic.* Zur Zeit, wo diese Zeilen geschrieben werden, höre ich davon, daß auch Chet Bakers Witwe,

Carol, mit einem eigenen Label, *CCB*, Musik aus dem Nachlaß ihres Mannes veröffentlichen will. Es ist eine ganze Serie von CDs geplant. Die Diskographie von 1985 bedarf also einer umfassenden Überarbeitung und Ergänzung. Thorbjorn Sjogren und der deutsche Chet-Baker-Kenner Klaus Gottwald arbeiten an dieser definitiven Diskographie.

Nachdem die Analog-Schallplatten mehr und mehr aus dem Markt gedrängt werden, sind auch viele der Chet-Baker-Platten für immer verschwunden. Aber: Die meisten seiner großen, »klassischen« Platten sind als CDs wiederveröffentlicht worden. Viele davon mit zusätzlichen »Bonus-Tracks«, also mit Titeln, die aus der entsprechenden Session stammen, aber nicht auf der Original-LP enthalten waren. Diese Re-issues und die neuen Veröffentlichungen haben schon wieder eine Zahl von an die hundert CDs mit Chet-Baker-Musik erreicht. Wie hieß es doch in einem Amsterdamer Platten-Laden kurz nach seinem Tode: »Chet is a big seller these days.« Im folgenden empfehle ich aus dem großen Gesamtwerk wichtige Aufnahmen Chet Bakers. Die Auswahl ist meine Auswahl, also eine ganz subjektive. Es handelt sich dabei ausschließlich um Aufnahmen, die auf CDs vorliegen und auch zur Zeit zu bekommen sein müßten. Bei den Empfehlungen gehe ich chronologisch vor und beginne mit den allerersten Aufnahmen, die von Chet Baker veröffentlicht worden sind.

Abkürzungen:

tp	Trompete	vib	Vibraphon
flh	Flügelhorn	harm	Harmonika
voc	Gesang	g	Gitarre
as	Alt-Saxophon	c	Cello
ts	Tenor-Saxophon	b	Baß

bs	Bariton-Saxophon	e b	E Baß
tb	Posaune	tu	Tuba
vtb	Ventil-Posaune	dr	Schlagzeug
frh	Frenchhorn	perc	Percussion
p	Piano	alt	alternate Take

1952

Chet Baker – Live At The Trade Winds
Fresh Sound Records FSCD–1001

Chet Baker (tp). Sonny Criss (as), Wardell Gray (ts), Dave Pell (ts), Jerry Mandell (p), Harry Babasin (c), Bob Whitlock (b), Lawrence Marable (dr).
Trade Winds Club, Inglewood, California, 24. März 1952

Ourt of Nowhere

Chet Baker (tp), Sonny Criss (as)*, Jack Montrose (ts)*, Al Haig (p)*, Dave Bryant (b), Larry Bunker (dr). Bei »Avalon« zusätzlich Les Thompson (harm) und bei »I'll Remember April« zusätzlich Ted Ottison (tp).
Trade Winds Club, Inglewood, California, 4. August 1952

Bernie's Tune*
My Old Flame
Avalon
How High The Moon*
There Will Never Be Another You*
Sweet Georgia Brown*
I'll Remember April
(Ohne den Titel »Out Of Nowhere« gleich mit der CD:

»Al Haig – Live In Hollywood«, Xanadu 5162)

Inglewood Jam
Bird & Chet – Live At The Trade Winds
JazzDoor 1209

Charlie Parker (as), Chet Baker (tp), Sonny Criss (as), Al Haig (p), Harry Babasin (b), Lawrence Marable (dr).
Trade Winds Club, Inglewood, California, 16. Juni 1952

The Squirrel
Irresistible You
Indiana (Donna Lee)
Liza

1952/53

The Complete Pacific Jazz And Capitol Recordings Of The Original
Gerry Mulligan Quartet And Tentette Whith Chet Baker
Mosaic MD 3–102 (3 CD-Set)

Gerry Mulligan (bs), Chet Baker (tp), Jimmy Rowles (p), Joe Mondragon (b).
Phil Turetsky's House, Los Angeles, 9. Juli 1952

Haig And Haig
She Didn't Say Yes

Gerry Mulligan (bs), Chet Baker (tp), Bob Whitlock (b), Chico Hamilton (dr).
Phil Turetsky's House, Los Angeles, 16. August 1952

Bernie's Tune
Lullaby Of The Leaves
Utter Chaos

In gleicher Besetzung in den Gold Star Studios, Los Angeles, 15./16. Oktober 1952

Aren't You Glad You're You
Frenesi
Nights At The Turntable
Freeway
Soft Shoe
Walkin' Shoes

Gerry Mulligan (bs, p), Chet Baker, Pete Candoli (tp), Bob Enevoldsen (v-tb), John Grass (frh), Ray Siegel (tu), Don Davidson (bs), Joe Mondragon (b), Chico Hamilton (dr).
Capitol Studios, Los Angeles, 29. Januar 1953

A Ballad
Westwood Walk
Walkin' Shoes
Rocker

Gleiche Besetzung, jedoch Larry Bunker ersetzt Chico Hamilton (dr).
Capitol Studios, Los Angeles, 31. Januar 1953

Takin' A Chance On Love
Flash
Simbah
Ontet

Gerry Mulligan (bs), Chet Baker (tp), Carson Smith (b), Larry Bunker (dr).
Gold Star Studios, Los Angeles, 24. Februar 1953

Makin' Whoopee
Cherry
Motel
Carson City Stage

Gleiche Besetzung, Radio Recorders, Los Angeles, 27. März 1953

Festive Minor
My Old Flame
All The Things You Are

Gleiche Besetzung, Radio Recorders, Los Angeles, 27. April 1953

Love Me Or Leave Me (alt.)
Love Me Or Leave Me
Swing House
Jeru
Utter Chaos

Gleiche Besetzung, Radio Recorders, Los Angeles, 29./30. April 1953

Darn That Dream
Darn That Dream (alt.)
I May Be Wrong
I May Be Wrong (alt.)
I'm Beginning To See The Light (alt.)

I'm Beginning To See The Light
The Nearness Of You
Tea For Two

Gleiche Besetzung, live im »Haig«, Los Angeles, 20. Mai 1953

Five Brothers
I Can't Get Started
Ide's Side
Haig And Haig
My Funny Valentine

Gleiche Session, Chico Hamilton anstelle von Larry Bunker (dr).

Aren't You Glad You're You
Get Happy
Poinciana
Godchild

Gleiche Besetzung plus Lee Konitz (as), live im »Haig«, Los Angeles, Januar oder Juni 1953

Too Marvelous For Words
Lover Man
I'll Remember April
These Foolish Things
All The Things You Are
Bernie's Tune

Gleiche Besetzung, Studio unbekannt, Los Angeles, Januar oder Juni 1953

Almost Like Being In Love
Sextet
Broadway

Gleiche Besetzung. Joe Mondragon anstelle von Carson Smith (b), Phil Turetsky's house, Los Angeles, wahrscheinlich am 10. Juni 1953

I Can't Believe That You're In Love With Me
Lady Be Good
Lady Be Good (alt.)

Eine Auswahl aus den Original-Pacific-Aufnahmen enthält die CD:

Mulligan/Baker
The Best Of The Gerry Mulligan Quartet With Chet Baker
Pacific Jazz CDP 7 95481 2

Eine umfangreiche Auswahl enthält auch die CD:

Gerry Mulligan Quartet With Chet Baker
Giants Of Jazz CD 53027

Hier sind auch Aufnahmen enthalten, die das Quartet für »Fantasy«, also nicht für »Pacific Jazz« eingespielt hat, unter anderem die berühmte Original-Studio-Version von »My Funny Valentine«:

Gerry Mulligan (bs), Chet Baker (tp), Carson Smith (b), Chico Hamilton (dr).
Los Angeles, September 1952

Line For Lyons
Carioca
My Funny Valentine
Bark For Barksdale

Gleiche Besetzung, Los Angeles, Januar 1953

Moonlight In Vermont
The Lady Is A Tramp
Turnstile

1953–1956

The Complete Pacific Jazz Studio Recordings Of The Chet Baker Quartet With Russ Freeman
Mosaic MD 3-122 (3 CD-Set)

Chet Baker (tp), Russ Freeman (p), Bob Whitlock (b), Bobby White (dr).
Gold Star Studio, Los Angeles, 24./27. Juli 1953

Isn't It Romantic
The Lamp Is Low
This Time The Dream's On Me
Maid In Mexico

Chet Baker (tp), Russ Freeman (p), Carson Smith (b), Larry Bunker (dr).
Radio Recorders, Los Angeles, 29./30. Juli 1953

Russ Job

Imagination
Long Ago And Far Away
Long Ago And Far Away (alt.)
Carson City Stage
Easy To Love
Batter Up

Gleiche Besetzung, 3. Oktober 1953

No Ties
No Ties (alt.)
All The Things You Are
The Thrill Is Gone
Band Aid
Bea's Flat
Moon Love
Moon Love (alt.)
Happy Little Sunbeam
Happy Little Sunbeam (alt.)

Chet Baker (tp, voc.*), Russ Freeman (p), Joe Mondragon (b), Shelly Manne (dr.)
Radio Recorders, Los Angeles, 27. Oktober 1953

I Fall In Love Too Easily*
Winter Wonderland
Winter Wonderland (alt.)
The Thrill Is Gone*

Chet Baker (tp, voc.), Russ Freeman (p), Carson Smith (b), Bob Neel (dr).
Capitol Studios, Los Angeles, 15. Februar 1954

But Not For Me
Time After Time
I Get Along Whithout You Very Well
There Will Never Be Another You
Look For The Silver Lining
My Funny Valentine
I Fall In Love Too Easily

Gleiche Besetzung, 7. März 1955

Daybreak
Just Friends
I Remember You
Let's Get Lost
Long Ago And Far Away
You Don't Know What Love Is

Chet Baker (tp, voc.), Russ Freeman (p), Jimmy Bond (b), Peter Littman (dr).
Forum Theatre, Los Angeles, 23. Juli 1956

That Old Feeling
It's Always You
I've Never Been In Love Before

Gleiche Besetzung. Anstelle von Peter Littman: Lawrence Marable (dr).
Forum Theatre, Los Angeles, 30. Juli 1956

My Buddy
Like Someone In Love
My Ideal

Chet Baker (tp), Russ Freeman (p), Leroy Vinnegar (b), Shelly Manne (dr).
Los Angeles, 6. November 1956

Love Nest
Fan Tan
Summer Sketch
An Afternoon At Home
Say When
Lush Life
Amblin'
Hugo Hurwhey

Eine Auswahl der Gesangs-Titel enthält die CD:

The Best Of Chet Baker Sings
Let's Get Lost
Pacific Jazz CDP 7 92932 2

Inklusive »My Funny Valentine« und »You Don't Know What Love Is«.

The Complete Pacific Jazz
Live Recordings Of The Chet Baker Quartet
With Russ Freeman
Mosaic MD 3-113 (3 CD-Set)

Chet Baker (tp), Russ Freeman (p), Carson Smith (b), Bob Neel (dr).
University of Michigan, Ann Arbor, 9. Mai 1954

Line For Lyons

Lover Man
My Funny Valentine
Maid In Mexico
Stella By Starlight
My Old Flame
Headline
Russ Job

Gleiche Besetzung, Tiffany Club, Los Angeles, 10. August 1954

No Ties
Out Of Nowhere
Deep Purple
My Little Suede Shoes
Lady Bird
Line For Lyons
Lullaby Of The Leaves
My Old Flame
Russ Job
The Wind
Zing Went The String Of My Heart
Everything Happens To Me
A Dandy Line
Frenesi
Moonlight In Vermont
Carson City Stage

Gleiche Besetzung, Santa Cruz, California, Juli oder September/Oktober 1954

Billie's Bounce
Stella By Starlight

Line For Lyons
Carson City Stage
All The Things You Are

Chet In Paris
Volume 1
EMARCY 837 474-2

Chet Baker (tp), Dick Twardzik (p), Jimmy Bond (b), Peter Littman (dr).
Studio Pathé-Magellan, Paris, 11. Oktober 1955

Rondette
Mid-Forte
Sad Walk
Re-Search
Just Duo

Gleiche Besetzung, 14. Oktober 1955

Piece Caprice
Pomp
The Girl From Greenland
Brash

Chet Baker (tp), Benny Vasseur (tb), Jean Aldegon (as), René Urtreger (p), Jimmy Bond (b), Nils-Bertil Dahlander (dr).
Studio Pathé-Magellan, Paris, 25. Oktober 1955

Chet
Dinah
Vline – 1st Version
In Memory Of Dick

Chet In Paris
Volume 2
EMARCY 837 475-2

Chet Baker (tp), Gérard Gustin (p), Jimmy Bond (b), Nils-Bertil Dahlander (dr).
Studio Pathé-Magellan, Paris, 24. Oktober 1955

Summertime
You Go To My Head
Tenderly
Lover Man
There's A Small Hotel
Autumn In New York
These Foolish Things
I'll Remember April

Chet Baker (tp, voc.*), Raymond Fol (p), Benoit Quersin (b), Jean-Louis Viale (dr).
Studio Pathé-Magellan, Paris, 28. November 1955

Alone Together
Exitus
Once In A While
All The Things You Are
Everything Happens To Me*

Chet In Paris
Volume 3
EMARCY 837 476-2

Chet Baker (tp), Bobby Jaspar (ts), René Urtreger (p), Benoit Quersin (b), Jean-Louis Viale (dr).

Studio Pathé-Magellan, Paris, 26. Dezember 1955

Chekeetah
How About You
Exitus – Quintet Version
Dear Old Stockholm

Chet Baker (tp), Jean-Louis Chautemps (ts), Francy Boland (p), Eddie de Haas (b), Charles Saudrais (dr).
Studio Pathé-Magellan, 10. Februar 1956

Speak Low
Anticipated Blues
Cheryl
Tasty Pudding

Chet Baker (tp), Benny Vasseur (tb), Teddy Ameline (as), Armand Migiani (ts), William Boucaya (bs), Francy Boland (p), Benoit Quersin (b), Pierre Lemarchand (dr).
Studio Pathé-Magellan, Paris, 15. März 1956

Mythe
Not Too Slow
Vline – 2nd Version
In A Little Provincial Town

Chet In Paris
Volume 4 (Alternate Takes)
EMARCY 837 477-2

Chet Baker (tp), Benny Vasseur (tb), Jean Aldegon (as), René Urtreger (p), Jimmy Bond (b), Nils-Bertil Dahlander (dr).
Studio Pathé-Magellan, Paris, 25. Oktober 1955

Chet
Dinah
In Memory Of Dick

Chet Baker (tp), Raymond Fol (p), Benoit Quersin (b), Jean-Louis Viale (dr).
Studio Pathé-Magellan, Paris, 28. November 1955

Alone Together (1)
Alone Together (2)
Exitus (Quartet Version)
All The Things You Are

Chet Baker (tp), Bobby Jaspar (ts), René Urtreger (p), Benoit Quersin (b), Jean-Louis Viale (dr).
Studio Pathé-Magellan, Paris, 26. Dezember 1955

Chekeetah
How About You
Exitus – Quintet Version I
Exitus – Quintet Version II

Chet Baker (tp), Jean-Louis Chautemps (ts), Francy Boland (p), Eddie de Haas (b), Charles Saudrais (dr).
Studio Pathé-Magellan, 10. Februar 1956

Anticipated Blues
Tasty Pudding – take 1
Tasty Pudding – take 2
Tasty Pudding – take 3
Tasty Pudding – take 4

Chet Baker
In Europe, 1955
Philology W 42-2

Chet Baker (tp), Dick Twardzik (p), Jimmy Bond (b), Peter Littman (dr) und als Gast Rolf Schneebiegel (tp)*
Live aufgenommen in Mainz, 21. September 1955

Walkin'
Indian Summer
All The Things You Are*

Chet Baker (tp), Jean-Louis Chautemps (ts), Ralph Schecroun (p), Eddie de Haas (b), Charles Saudrais (dr).
Live aufgenommen in Kopenhagen, 11. Dezember 1955

CTA
Cheryl
Darn That Dream
Chekeetah
Four
Exitus (Theme)

Eine besonders schöne Erstveröffentlichung auf CD. Sie dokumentiert die Musik, die Chet Baker live auf seiner ersten Europatournee spielte. Und sie enthält einige der so seltenen und kostbaren Aufnahmen des großartigen und ungewöhnlichen Pianisten Richard »Dick« Twardzik, der schon vier Wochen nach diesem Konzert sterben sollte.

Chet Baker
Newport Years – Vol. 1
Philology W 51-2

Chet Baker (tp, voc.*), Russ Freeman (p), Bob Carter (b), Peter Littman (dr).
Newport Jazz Festival, 16. Juli 1953

Walkin'
You Don't Know What Love Is*

+ Gerry Mulligan

Five Brothers

Chet Baker (tp), Bob Brookmeyer (v-tb), Al Cohn (ts), Gerry Mulligan (bs), Russ Freeman (p), Bob Carter (b), Peter Littman (dr).
Newport Jazz Festival, 16. Juli 1955

Tiny's Blues

Dave Brubeck Quartet plus Guests: Chet Baker, Clifford Brown (tp), Gerry Mulligan (bs), Paul Desmond (as), Dave Brubeck (p), Norman Bates (b), Joe Dodge (dr).
Newport Jazz Festival, 16. Juli 1955

Tea For Two

Chet Baker (tp), Caterina Valente (g, voc.)
Baden-Baden, 26. März 1956

I'll Remember April
Everytime We Say Goodbye

Chet Baker (tp), Stan Getz (ts), wahrscheinlich Carson Smith (b), Chico Hamilton (dr).

»The Haig«, Los Angeles, 1953

Yardbird Suite

Chet Baker (tp, voc.*), Russ Freeman (p), Carson Smith (b), Bob Neel (dr), Bill Loughborough (perc.)
New York, TV show, 12. Mai 1955

Night In Tunisia
You Don't Know What Love Is*

Chet Baker (tp) mit dem Kurt Edelhagen Orchester
Baden-Baden, März 1956

Bockhanal
Baker '56

Hier, auf der eben vorgestellten CD, sind die beiden Titel von Chet Baker und Caterina Valente drauf, die mir die Welt des lyrischen Trompeters eröffneten. Jahrelang war die Original-Single eine absolute Rarität, jetzt ist diese Musik aus den 50ern wieder zu haben – dank CD in einer besseren Sound-Qualität denn je.

Chet Baker & Crew
EMI Pacific Jazz TOCJ-5345

Chet Baker (tp), Phil Urso (ts), Bobby Timmons (p), Jimmy Bond (b), Peter Littman (dr), Bill Loughborough (perc.*).
Forum Theatre, Los Angeles, 31. Juli 1956

To Mickey's Memory*
Slightly Above Moderate

Halema
Revelation
Something For Liza
Lucius Lu
Worrying The Life Out Of Me
Medium Rock

Chet Baker Quintet
At The Forum Theatre
Fresh Sound FSRCD-168

Chet Baker (tp), Phil Urso (ts), Bobby Timmons (p), Jimmy Bond (b), Peter Littman (dr), Bill Loughborough (perc.*).
Forum Theatre, Los Angeles 24./25./31. Juli 1956

Extra Mild
Chippyn'
Tabu
A Night On Bob Mountain*
Jumpin' Off A Clef
I Can't Get Started
Down
Pawnee Junction*

Chet Baker & Art Pepper
The Route
Capitol/Pacific Jazz CDP 7 92931 2

Chet Baker (tp), Art Pepper (as), Richie Kamuca (ts), Pete Jolly (p), Leroy Vinnegar (p), Stan Levey (dr).
Forum Theatre, Los Angeles, 26. Juli 1956

Tynan Time

The Route
Sonny Boy
Minor Yours
Little Girl
Sweet Lorraine (Baker mit Rhythmus-Gruppe)

(Die anderen Titel auf der CD ohne Chet Baker)

Playboys
Chet Baker & Art Pepper
Capitol/Pacific Jazz CDP 7 94474 2

Chet Baker (tp), Art Pepper (ts), Phil Urso (ts), Carl Perkins (p), Curtis Counce (b), Lawrence Marable (dr).
Los Angeles, 31. Oktober 1956

For Minors Only
Minor Yours
Resonant Remotions
Tynan Time
Picture Of Heath
For Miles And Miles
C.T.A.

Portrait Chet Baker
Jazz ZOUNDS CD 27200255 B (EMI Electrola)

Unter dem Titel »The Real Chet Baker – The Pacific Years« ein guter und liebevoll ausgestatteter Sampler mit Titeln aus den vorgenannten Pacific Jazz-Aufnahmen von 1952 bis 1956. Zusätzlich enthält er vorher nicht erwähnte Titel:

Chet Baker Ensemble

Chet Baker (tp), Herb Geller (as), Jack Montrose (ts), Bob Gordon (bs), Russ Freeman (p), Joe Mondragon (b), Shelly Manne (dr).
Los Angeles, 14. Dezember 1953

Bockhanal

Chet Baker Sextet
Chet Baker (tp), Bob Brookmeyer (v-tb), Bud Shank (as), Russ Freeman (p), Carson Smith (b), Shelly Manne (dr).
Los Angeles, September 1954

Tommyhawk
The Half Dozens

Chet Baker (tp), Bud Shank (as), Studio-Orchester. Aus dem Soundtrack des Films »James Dean Story«
Los Angeles, November 1956

The Movie Star

Chet Baker (tp), Gerry Mulligan (bs), Henry Grimes (b), Dave Bailey (dr).
New York, Dezember 1957

Reunion

1958

It Could Happen To You
Chet Baker Sings
Original Jazz Classics, Riverside OJCCD-303-2

Chet Baker (tp, voc.), Kenny Drew (p), George Morrow, Sam Jones (b), Philly Joe Jones, Danny Richmond (dr).
New York, August 1958

(Erstmals »scat-vocals« von Chet Baker auf Schallplatte bzw. CD)

Do It The Hard Way
I'm Old Fashioned
You're Driving Me Crazy
It Could Happen To You
My Heart Stood Still
The More I See You
Everything Happens To Me
Dancing On The Ceiling
How Long Has This Been Going On
Old Devil Moon
While My Lady Sleeps
You Make Me Feel So Young

Chet Baker In New York
Riverside/Carrere Distribution CA/802/98.956

Chet Baker (tp), Johnny Griffin (ts), Al Haig (p), Paul Chambers (b), Philly Joe Jones (dr).
New York, September 1985

Fair Weather
Polka Dots And Moonbeams
Hotel 49
Solar
Blue Thoughts
When Lights Are Low

1959

Chet Baker In Milan

Original Jazz Classics, Jazzland OJCCD-370-2

Chet Baker (tp), Glauco Masetti (as), Gianno Basso (ts), Renato Sellani (p), Franco Serri (b), Gene Victory (dr).
Milano, Oktober 1959

Lady Bird
Cheryl Blues
Tune Up
Line For Lyons
Pent Up House
Look For The Silver Lining

Chet Baker (tp), Piano, Baß und Schlagzeug:

Indian Summer
My Old Flame

1960–1963

Chet Baker Live In Paris 1960–63

ESOLDUN FCD 123

Chet Baker (tp), Radio-Orchester Baden-Baden
Paris (?), 12. Oktober 1960

Autumn In New York
Marilyn

Chet Baker (tp), George Arvanitas (p), Guy Pedersen (b), Daniel Humair (dr).
Paris, ORTF, 9. Juni 1963

Porgy And Bess
Milestones

Zusätzlich enthält die CD noch 6 Titel vom Jazz Festival in Nizza, 1975

Chet Baker (tp), Larry Ridley (b), Ray Mosca (dr).
Nizza, 20. Juli 1975

Witchcraft (For Minors Only)
Stella By Starlight

Chet Baker (tp), Bob Mover (as), Larry Ridley (b), David Lee (dr).
Nizza, 24. Juli 1975

Dear Old Stockholm
Mister B
I Waited For You
There Will Never Be Another You

Chet Baker
The Italian Sessions
RCA ND 82001 / Vertrieb BMG Ariola

Chet Baker (tp), Bobby Jaspar (ts), René Thomas (g), Amadeo Tommasi (p), Benoit Quersin (b), Daniel Humair (dr).

RCA Studios, Rom, 5. Januar 1962

Diese Aufnahmen machte Chet Baker nur ein paar Tage nach seiner Entlassung aus dem Gefängnis in Lucca, Italien – nach einem einjährigen »Zwangsaufenthalt«. Titel der Original-LP: »Chet Is Back«.

Well You Needn't
These Foolish Things
Barbados
Star Eyes
Somewhere Over The Rainbow
Pent Up House
Ballata In Forma Di Blues
Blues In The Closet

1964/1965

Chet Baker Plays And Sings
Jazz Junction CD-205

Chet Baker (flh, voc.*), Phil Urso (ts), Hal Galper (p), Jymie Merritt (b), Charlie Rice (dr).
New York, Juni 1964

Die ersten Aufnahmen von Chet Baker in den USA nach einer fast 5jährigen Europa-Odyssee, die mit der Deportation aus Berlin im März 1964 ihr Ende fand. Titel der Original-LP: »The Most Important Jazz Album Of 1964/1965«

Soultrane
Walkin'*
Tadd's Delight
Whatever Possess'd Me*

Retsim B. (Mister B.)
Gnid
Ann, Wonderful One
Mating Call
Margerine
Flight To Jordan

Chet Baker
Baby Breeze
EMARCY EJD-3039 (Japan)

Chet Baker (flh), Phil Urso (ts), Frank Stroizer (as), Hal Galper (p), Michael Fleming (b), Charlie Rice (dr).
New York, 14. November 1964

Pamela's Passion
Baby Breeze
This Is The Thing
Comin' Down
One With One

Chet Baker (flh, voc.), Kenny Burrell (g), Bobby Scott (p)*
New York, 20. Januar 1965

You're Mine You
Everything Depends On You*
Born To Be Blue*
Sweet Sue
Taste Of Honey

Chet Baker (flh, voc.*), Bob James (p), Michael Fleming (b), Charlie Rice (dr).
New York, 20. Februar 1965

The Touch Of Your Lips*
Think Beautiful
I Wish You Love

Nach dieser ausgezeichneten Platte machte Chet Baker in nur drei Tagen im August 1965 jene berühmten Aufnahmen, die auf fünf LPs bei »Prestige« erschienen sind. Meines Wissens gibt es davon bislang nur eine CD-Veröffentlichung: »Smokin'«. Weitere Details sind mir aber unbekannt. Dies waren jedenfalls für lange Jahre Chet Bakers letzte »Jazz«-Aufnahmen. Danach kamen nur kommerzielle Platten wie die mit einer Mariachi-Band heraus. Carol Baker, Chets Witwe, hat eine Veröffentlichung auf »CBB« angekündigt, die erstmals seine eigene, echte Musik aus der zweiten Hälfte der 60er Jahre dokumentieren würde: »Chet Baker – Live At The Melody Room«, Hollywood, 1968, Volume 1 und 2. Zur Zeit liegen diese CDs aber noch nicht vor.

1974

Gerry Mulligan/Chet Baker
Carnegie Hall Concert
Epic EPC 450554 2

Gerry Mulligan (bs), Chet Baker (tp, voc.*), Bob James (p), John Scofield (g), Ed Byrne (tb), Ron Carter (b), Harvey Mason (dr), Dave Samuels (perc.).
Carnegie Hall, New York, 24. November 1974

Das »Comeback« von Chet Baker. Ursprünglich auf zwei LPs veröffentlicht, enthält die CD alle Titel (inklusive zwei ohne Chet Baker).

Line For Lyons
My Funny Valentine
It's Sandy At The Beach
Bernie's Tune
K-4 Pacific
There Will Never Be Another You*

Chet Baker
She Was Too Good To Me
Epic EPC 450954 2

Chet Baker (tp, voc.*), Paul Desmond (as), Hubert Laws (fl), Bob James (p), Ron Carter (b), Steve Gadd, Jack de Johnette (dr). Plus Strings auf einigen Titeln.
Van Gelder Studios, NJ, USA, 17. Juli/31. Oktober/1. November 1974

Autumn Leaves
She Was Too Good To Me*
What 'll I Do*
It's You Or No One
Funk In Deep Freeze
Tangerine
With A Song In My Heart*
My Future Just Passed*

1975

Jim Hall
Concierto
Epic EPC 450896 2

Chet Baker (tp), Jim Hall (g), Paul Desmond (as), Roland Hanna (p), Ron Carter (b), Steve Gadd (dr).
Van Gelder Studios, NJ, USA, 16./23. April 1975

You 'd Be So Nice To Come Home To
The Answer Is Yes
The Answer Is Yes (alt.)
Two's Blues
Concierto de Aranjuez

Ich denke, daß ich nie vor der berüchtigten Insel-Frage nach der *einen* Platte stehe. Aber wenn, dann käme diese CD in die engste Auswahl.

Chet Baker
Seven Faces Of Valentine
Philology W 30-2

Chet Baker (tp, voc.), Kenny Drew (p), Larry Ridley (b), David Lee (dr).
Pescara Jazz Festival, Italien, Juli 1975

My Funny Valentine

Eine Aufnahme aus Chet Bakers erstem Europabesuch nach seinem Comeback. Die CD enthält noch sechs andere Versionen von »My Funny Valentine« in unterschiedlichen Besetzungen, in den Jahren bis 1987 live aufgenommen. Paolo Piangiarelli brachte die zuvor unveröffentlichten Stücke nach Chet Bakers Tod heraus. Zitat aus Paolos Covertext: »This isn't just an ordinary Chet's album. Chet himself inspired it, from above.«

1977

Chet Baker
You Can't Go Home Again
A+M Records Jazz Heritage 396997-2

Chet Baker (tp), Paul Desmond* (as), Michael Brecker (ts), John Scofield (g), Richard Beirach, Kenny Barron (p), Ron Carter (b), Alphonso Johnson (e-b), Tony Williams (dr) u. a.
New York, Februar und Mai 1977

Love For Sale
Un Pocco Loco
You Can't Go Home Again*
El Morro

Chet Baker
The Best Thing For You
A&M Records CD 0832

Diese CD enthält zusätzliches Material aus der obigen Session, das aber in der Original-LP unveröffentlicht blieb. Es erschien erstmals auf dieser CD.

Chet Baker (tp), Paul Desmond (as), Kenny Barron (p), Ron Carter (b), Tony Williams (dr).
New York, Februar und Mai 1977

The Best Thing For You
I'm Getting Sentimental Over You
You've Changed
Oh, You Crazy Moon
How Deep Is The Ocean

Chet Baker (tp), Gene Bertoncini (g).

If You Could See Me Now

Chet Baker (tp), Michael Brecker (ts), John Scofield (g), Richard Beirach (p), Ron Carter (b), Alphonso Johnson (e-b), Tony Williams (dr) u. a.

El Morro (alt.)

Chet Baker
Once Upon A Summertime
Original Jazz Classics Galaxy OJCCD-405-2

Chet Baker (tp), Gregory Herbert (ts), Harold Danko (p), Ron Carter (b), Mel Lewis (dr).
New York, 20. Februar 1977

Tidal Breeze
Shifting Down
ESP
The Song Is You
Once Upon A Summertime

Mit dieser Serie aus dem Jahre 1977, produziert von Creed Taylor und John Snyder, hat Chet Baker einige seiner schönsten Platten nach dem Comeback vorgelegt. Er zeigt sich als souveräner Musiker, der in hochkarätiger Umgebung sein Können beweist. Es ist ein etwas anderer Chet, der sich hier präsentiert. Weniger die romantische Lyrik, für die er berühmt war, prägt hier die Musik – sein Ton ist strahlender, zupackender, die Ideen Bop-inspiriert.

1978

Chet Baker
Live In Chateauvallon
ESOLDUN FCD 128

Bei den folgenden zwei CDs handelt es sich um Aufnahmen des Quartetts, mit dem Chet Baker eine ausgedehnte Europatournee machte, in deren Verlauf er auch wieder Deutschland besuchte. Die Musik und die Atmosphäre ist exemplarisch für Chets Auftritte in den Clubs.

Chet Baker (tp, voc.*), Phil Markowitz (p), Scott Lee (b), Jeff Brillinger (dr).
Centre Culturel, Chateauvallon, Frankreich, 10. November 1978

Oh, You Crazy Moon*
(Die Angabe auf dem Cover »House Of Jade« ist falsch.)
Love For Sale
Beautiful Black Eyes
There Will Never Be Another You*
Once Upon A Summertime

Chet Baker
Live At Nicks
Criss Cross 1027 CD

Besetzung wie oben.
Nick Vollebregt's Jazz Café, Laren, Niederlande, 30. November 1978

The Best Thing For You Is Me

Broken Wing
This Is Always*
Beautiful Black Eyes
I Remember You*
Love For Sale

Chet Baker
Broken Wing
Cornelia Adda 581020

Chet Baker (tp, voc.*), Phil Markowitz (p), J.-F. Jenny-Clark (b), Jeff Brillinger (dr).
Studio Davout, Paris, 28. Dezember 1978

Broken Wing
Black Eyes
Oh, You Crazy Moon*
How Deep Is The Ocean
Blue Gilles

(Die CD »Chet Baker In Paris, Volume II«, West Wind 2059, enthält die gleichen Titel, aber alternate takes von »How Deep Is The Ocean« und »Black Eyes«. Der auf dieser CD angegebene Aufnahmeort und das -datum sind falsch.)

1979

X **Ballads For Two**
Chet Baker/Wolfgang Lackerschmid
inak 856 CD

Chet Baker (tp), Wolfgang Lackerschmid (vib).

Stuttgart, 8./9. Januar 1979

Blue Bossa
Five Years Ago
Why Shouldn't You Cry
Dessert
Softly As In A Morning Sunrise
You Don't Know What Love Is
Waltz For Suzan

Manche Kritiker haben diese Aufnahmen unterbewertet. Chet Baker selbst hatte viel Freude bei der Arbeit im Studio. In der ungewöhnlichen Besetzung von Trompete und Vibraphon kreieren die beiden Musiker die große Kunst des Minimalen. Die Sounds schienen in überirdischen Höhen zu schweben.

Chet Baker
The Touch Of Your Lips
Steeplechase SCCD 31122

Chet Baker (tp, voc.*), Doug Raney (g), Niels-Henning Orsted-Pedersen (b).
Kopenhagen, 21. Juni 1979

I Waited For You
But Not For Me*
Autumn In New York
Blue Room
The Touch Of Your Lips*
Star Eyes
Autumn In New York (alt.)

Zusammen mit den drei folgenden CDs, die eine ganze Live-Nacht des Trios dokumentieren, gehören diese Studioaufnahmen zu den schönsten, die Chet Baker in Trio-Besetzungen je gemacht hat. Der ganze Zauber seiner Musik wird in diesen CDs lebendig.

Chet Baker Trio
Daybreak
Steeplechase SCCD-31142

Besetzung wie zuvor.
Live im »Montmartre«, Kopenhagen, 4. Oktober 1979

For Minors Only
Daybreak*
You Can't Go Home Again
Broken Wing
Down

Chet Baker Trio
This Is Always
Steeplechase SCCD-31168

Besetzung wie zuvor.

How Deep Is The Ocean
House Of Jade
Love For Sale
This Is Always*
Way To Go Out (Lucius Lu)

Chet Baker Trio
Someday My Prince Will Come

Steeplechase SCCD-31180

Besetzung wie zuvor.

Gnid
Love Vibrations
Sad Walk
Someday My Prince Will Come
I'm Old Fashioned*
In Your Own Sweet Way

X **Chet Baker/Wolfgang Lackerschmid**
feat. Larry Coryell
inak 857 CD

Chet Baker (tp, voc.*), Wolfgang Lackerschmid (vib), Larry Coryell (g), Buster Williams (b), Tony Williams (dr).
Stuttgart, November 1979

Mr. Biko
Balzwaltz*
The Latin One
Rue Gregoire Du Tour
Here's That Rainy Day
Toku Do

1980

Chet Baker Quartet
Burnin' At Backstreet
Fresh Sound FSR-CD 128

Chet Baker (tp), Drew Salperto (p), Mike Formanek (b), Art Frank (dr).
Live im »Backstreet Club«, New Haven, USA, 19. Februar 1980

Tune Up
Milestones
Blue 'N' Boogie
Stella By Starlight
Four
Just Friends

Eine der neuen CDs, bei deren Herausgabe Carol Baker mitgewirkt hat. Chet Baker war selten so aggressiv wie hier zu hören. Lange, ausgedehnte Soli, harte Trompeten-Attacken, filigrane Be-Bop-Linien. »Chet was really burning ... Burnin' at Backstreet.«

Chet Baker
Nightbird
West Wind 2038

Chet Baker (tp), Karl Ratzer (g), Nicola Stilo (fl), Ricardo del Fra (b), Al Levitt (dr).
Live im »Le Dreher«, Paris, 25./27. Juni 1980

Leaving
Dee's Dilemma
Night Bird
Tempus Fugit
Tune Up

Material aus diesen Auftritten erschien zuerst auf der Original-LP unter dem Titel »Live in Paris«. Eine der damals noch wenigen Live-Platten von Chet Baker.

1981

Chet Baker Quartet
with Special Guest Bud Shank
Fresh Sound FST-CD 131

Chet Baker (tp, voc.*), Bud Shank# (as), Phil Markowitz, Hal Galper# (p), Ron Carter (b), Ben Riley (dr).
Live im »Fat Tuesday«, New York, 28. April 1981

You Can't Go Home Again
Ray's Idea#
In Your Own Sweet Way#
There Will Never Be Another You#*

Chet Baker hatte an dem Tage seines Auftritts einen Atlantikflug aus Europa hinter sich. Er bat den zufällig anwesenden Bud Shank, einen Kollegen aus alten West-Coast-Zeiten, einzusteigen, um »mitzuhelfen«, da er sich vom Flug erschöpft fühlte. Davon allerdings ist der Musik nichts anzumerken. Chet Baker bestimmt die Szene – und er freut sich hörbar, mit dem alten Kollegen zusammen zu spielen.

Chet Baker
Carlyne CARCD 15

Chet Baker (tp, voc.*), René Urtreger (p), Pierre Michelot (b), Aldo Romano (dr).
Live auf dem Paris Jazz Festival, 3. November 1981

For Minors Only
Chasing The Bird
But Not For Me*
Down
My Funny Valentine*
Just Friends*

Ein inspirierter und motivierter Festival-Auftritt. Ein swingendes, zupackendes Quartett.

1982

Chet Baker
Peace
enja 4016-04

Chet Baker (tp), David Friedman (vib, marimba), Buster Williams (b), Joe Chambers (dr).
Vanguard Studios, New York, 23. Februar 1982

3 + 1 = 5
3 + 1 = 5 (alt.)
Peace
Lament For Thelonious
The Song Is You
Shadows
For Now

1983

Stan Getz/Chet Baker
Line For Lyons
Polydor (Japan) J33J 2O116

Stan Getz (ts), Chet Baker (tp, voc.*), Jim McNeely (p), George Mraz (b), Victor Lewis (dr).
Live im »Sodra Teatern«, Stockholm, 18. Februar 1983

Just Friends*
Stella By Starlight
Airegin
My Funny Valentine*
Milestones
Dear Old Stockholm
Line For Lyons

Das einzige Dokument einer Reihe von Konzerten, die Stan Getz und Chet Baker Anfang 1983 gemeinsam gegeben haben. Es war ein großer Erfolg. Und es ist große Musik.

Mr. B
Chet Baker
Timeless CD SJP 192

Chet Baker (tp), Michel Graillier (p), Ricardo del Fra (b), Philip Catherine (g)*
Studio 44, Monster, Niederlande, 25. Mai 1983

Dolphin Dance
Ellen And David
Strollin'

In Your Own Sweet Way
Mister B.
Beatrice
White Blues
Father X-mas*

Chet Baker
Igloo (Belgien) IGL 034

Chet Baker (tp), Philip Catherine (g), Jean-Louis Rassinfosse (b)
Igloo Studio, Brüssel, September 1983

Crystal Bells
Strollin'
Lament
Leaving
Cherokee
Estate

Kammermusikalische, intime Musik. Eine Studioaufnahme des Trios, mit dem Chet Baker nahezu ein ganzes Jahr lang durch die Clubs in Westeuropa zog.

Chet Baker
Live In Sweden
Dragon DRCD 178

Chet Baker (tp, voc.*), Ake Johansson (p), Kjell Jansson (b), Göran Levin (dr).
Live im »Nefertiti«, Gothenburg, Schweden, 29. September 1983

Lament
My Ideal*
Beatrice
Ellen And David
You Can't Go Home Again
Day's Idea
Milestones
But Not For Me*

1985

Diane
Chet Baker & Paul Bley
Steeplechase SCCD-31207

Chet Baker (tp, voc.*), Paul Bley (p)
Sound Track Studios, Kopenhagen, 27. Februar 1985

If I Should Lose You
You Go To My Head*
How Deep Is The Ocean
Pent Up House
Everytime We Say Goodbye
Diane
Skidadidlin'
Little Girl Blue

Chet's Choice
Chet Baker Trio
Criss Cross 1016 CD

Chet Baker (tp, voc.*), Philip Catherine (g), Jean-Louis Rassinfosse, Hein van de Geijn# (b).
Studio 44, Monster, Niederlande, 6./25. Juni 1985

If I Should Lose You
Sad Walk
How Deep Is The Ocean
Doodlin'
My Foolish Heart*
Conception
Love For Sale
Adriano#
Blues In The Closet#
Stella by Starlight#

Chet Baker
Strollin'
enja CD 5005 2

Chet Baker (tp, voc.*), Philip Catherine (g), Jean-Louis Rassinfosse (b)
Live auf dem Jazz Festival Münster, Juni 1985

Sad Walk
Strollin'
Love For Sale
Leaving
But Not For Me*

Chet Baker
Candy
Sonet 30359

Chet Baker (tp, voc.*), Michel Graillier (p), Jean-Louis Rassinfosse (b).
Sonet Library Stockholm, 30. Juni 1985

Love For Sale
Nardis
Candy*
Bye, Bye Blackbird
Sad Walk
Tempus Fugit
Red's Blues

Chet Baker
Sings Again
Timeless CDSJP 238

Chet Baker (tp, voc.), Michel Graillier (p), Ricardo del Fra (b), John Engels (dr).
Studio 44, Monster, Niederlande, 2./8. Oktober 1985

All Of You
Body And Soul
Look For The Silver Lining
I Can't Get Started
My Funny Valentine
Alone Together
Someone To Watch Over Me
How Deep Is The Ocean

Das absolute Chet-Sings-Festival. Wunderbar.

Chet Baker Trio
Live From The Moonlight

Philology W 10/11-2 (Doppel-CD)

Chet Baker (tp, voc.*), Michel Graillier (p), Massimo Moriconi (b).
Live im Club »Moonlight«, Macerata, Italien, 24. November 1985

Polka Dots And Moonbeams
Night Bird
Estate
Polka Dots And Moonbeams (Rehearsal)
Arbor Way
Dee's Dilemma
How Deep Is The Ocean
My Foolish Heart*
My Funny Valentine*
Broken Wing
Funk In Deep Freeze

Intime Live-Musik, bei der Chet Baker wieder zum Magier wird. Im »Moonlight« hatte er eine seiner ganz großen Nächte.

1986

Chet Baker
As Time Goes By
Timeless CD SJP 251/252

Chet Baker (tp, voc.*), Harold Danko (p), John Burr (b), Ben Riley (dr).
Studio 44, Monster, Niederlande, 17./18. Dezember 1986

You And The Night And The Music*
As Time Goes By*
My Melancholy Baby*
I'm A Fool To Want You*
When She Smiles
Sea Breeze
You Have Been Here All Along
Angel Eyes*
You 'd Be So Nice To Come Home To*
Round Midnight*

Chet Baker
Cool Cat
Timeless CD SJP 262

Besetzung und Daten wie zuvor.

Swift Shifting
Round Midnight
Caravelle
For All We Know*
Blue Moon*
My Foolish Heart*

Bei einem Konzert erwähnte Chet Baker einmal diese Aufnahmen, die von einem japanischen Produzenten mitbetreut wurden. Er sagte, daß die Japaner scharf auf alte amerikanische Popsongs gewesen seien. »Don't ask me why«, fügte er schmunzelnd hinzu. In Chets Interpretation aber bekommen diese alten Songs ein neues, ganz persönliches Kleid.

1987

Memories
Chet Baker In Tokyo
King Record (Bellaphon) K32Y 6270

Chet Baker (tp, voc.*), Harold Danko (p), Hein van de Geijn (b), John Engels (dr).
Live in Tokyo, 14. Juni 1987

Stella By Starlight
For Minors Only
Almost Blue*
Portrait In Black And White
My Funny Valentine*

Four
Chet Baker In Tokyo
King Record (Bellaphon) K32Y 6281

Besetzung und Daten wie zuvor.

Four
Arbor Way
I'm A Fool To Want You*
Seven Steps To Heaven
For All We Know*
Broken Wing

Im Innen-Cover der CD ist eine handschriftliche Notiz: »I don't know what to say, maybe Thanks. Chet / 87«.

Wer müßte wohl wem danken? Dieses Konzert in Tokyo ist

einer der absoluten musikalischen Höhepunkte im Leben Chet Bakers gewesen.

Chet Baker/Wolfgang Lackerschmid
Originals
Sandra ASJ 001

Chet Baker (tp), Wolfgang Lackerschmid (vib), Günter Lenz (b) Loya Studio, Bischofsmais, 24.–26. August 1987

Welcome Back
Pitztal Daybreak
Why Shouldn't You Cry

+ Nicola Stilo (fl)

Christmas Waltz
Try It Dry

+ Nicola Stilo (g)

Waltz For Berlin

Chet Baker (tp), Wolfgang Lackerschmid (vib), Rocky Knauer (b), Peri dos Santos (g) Edir dos Santos (dr)

Glorias Answer

Nicola Stilo (fl)

Volta Trais

Fast zehn Jahre nach der ersten Platte des deutschen Vibraphonisten mit Chet Baker ein letztes, bewegendes Zusammentreffen. Wolfgang Lackerschmid schreibt: »Dedicated to everyone who gets tears in the eyes, listening to Chet.«

Chet Baker Sings And Plays
From The Film »Let's Get Lost«
Novus 3054-2-N

Chet Baker (tp, voc.), Frank Strazzeri (p), John Leftwich (b), Ralph Penland (dr), Nicola Stilo (g, fl).
Sage & Sand Studio, Hollywood, California und Studio Davout, Paris, 1987

Moon & Sand
Imagination
You're My Thrill
For Heaven's Sake
Everytime We Say Goodbye
I Don't Stand A Ghost Of A Chance With You
Daydream
Portrait In Black And White
Blame It In My Youth
My One And Only Love
Everything Happens To Me
Almost Blue

Alle Titel wurden für den Soundtrack des Films von Bruce Weber aufgenommen.

Charlie Haden
Silence
Soulnote 121 172-2

Chet Baker (tp, voc.*), Enrico Pieranunzi (p), Charlie Haden (b), Billy Higgins (dr).
CMC Studio, Rom, 11./12. November 1987

Visa
Silence
Echi
My Funny Valentine*
Round About Midnight
Conception

1988

In Memory Of
Chet Baker/Archie Shepp Quintet
L+R Records (Bellaphon) CDLR 45006

Chet Baker (tp, voc.*), Archie Shepp (ts, voc.#), Horace Parlan (p), Herman Wright (b), Clifford Jarvis (dr).
Live aus dem Deutschen Jazz Festival, Frankfurt, 13. März 1988

Dedication To Bessie Smith's Blues#
My Foolish Heart*
Confirmation

Gleiche Besetzung, Live im »New Morning«, Paris, 14. März 1988

When Lights Are Low
How Deep Is The Ocean
Old Devil Moon

My Ideal*

Chet Baker's
Last Recordings As Quartet
Timeless SJP 233

Chet Baker (tp, voc.*, p#), Nicola Stilo (g, fl), Luca Flores (p), Marc Abrams (b).
Live aus den Rosenheimer Jazz Tagen, 17. April 1988

Funk In Deep Freeze
I'm A Fool To Want You*
Portrait In Black And White#
In A Sentimental Mood
If I Should Loose You
Arbor Way

Chet Baker
My Favorite Songs – the last great concert –
enja 5097 2

Chet Baker (tp, voc.*) mit der NDR Bigband, Solisten Herb Geller (as), John Schröder (g), Walter Norris (p), Lucas Lindholm (b) und dem Radio Orchester Hannover, Leitung Dieter Glawischnig.
Live im Funkhaus Hannover, 28. April 1988

All Blues
My Funny Valentine*
Well You Needn't
Summertime
In Your Own Sweet Way
Django

I Fall In Love Too Easily*

Straight From The Heart
The Great Last Concert, Volume II
enja 6020 CD

Besetzung und Daten wie oben.

Look For The Silver Lining
I Get Along Without You Very Well*
Conception
There's A Small Hotel
Sippin' At Bell's
Tenderly
My Funny Valentine*
(»The Encore«, also Zugabe, heißt es zum letzten Titel auf dem Cover. Die Aufnahme stammt aber nicht aus diesem, sondern aus einem Konzert am 14. November 1987 in der Hamburger Musik-Hochschule).
Diese beiden CDs sind so etwas wie das Vermächtnis von Chet Baker. Die ganze Welt seiner Musik und seiner Gefühle wird in den vierzehn Stücken noch einmal erlebbar. Und sie wird für immer lebendig bleiben.